알기쉬운 원가계산

알기쉬운 원가계산

최 영 문 著

한국학술정보[주]

머 리 말

　1997년 외환위기이후 급격한 경영 환경의 변화와 더불어 더욱 치열해진 경쟁사회에서 기업이 살아남고, 나아가 기업의 목적을 효율적으로 달성하기 위해 투명한 회계정보의 제공이라는 회계의 역할과 중요성이 절실히 요구되고 있다. 특히 내부적인 정보로만 간주되어 왔던 원가 및 관리회계 정보의 중요성이 더욱 강조되고 있다. 원가관리회계는 기업을 경영하는 사람들의 의사결정을 위한 정보를 제공하는 것이 그 목적으로 제품의 원가계산, 원가통제, 성과측정 및 평가를 위한 관련 정보를 제공한다. 기업 외부의 관계자들에게 정보를 제공하는 재무회계의 기능이 강조되던 과거와는 달리, 최근에는 기업 내부에서 이용하는 회계정보를 제공하는 원가관리 회계의 중요성이 부각되고 있다. 원가관리회계에 대한 드높아진 관심과 원가관리가 중시되는 추세를 반영하듯 목표원가와 원가기획, 수명주기원가, 품질원가, 경제적 부가가치(EVA), 활동기준원가계산(ABC), 균형성과표(BSC) 등 많은 새로운 개념과 기법이 소개, 도입되고 있다. 따라서 이러한 이론과 개념들에 대한 명확한 이해와 학습을 돕기 위해 그리고, 원가회계에 대한 입문 단계에 있는 독자들을 위해 기본적인 원리를 이해시키고자 이 책을 펴내게 되었다.

　독자들은 이 책을 통해 원가회계에 대한 기본적인 지식을 학습하고, 나아가 관련 사례를 풀어봄으로써 기본적인 개념을 숙지하고 확인할 수 있을 것이다. 이 책은 무엇보다도 학생들이 편하게 공부할 수 있도록 구성되어 있다. 먼저 독자들이 알아야 할 근본 지식 및 이론을 가능한 한 간결하게 정리, 제시하여 요점 위주의 편리한 학습이 되도록 했고, 간단한 유형의 사례들을 쉽게 접할 수 있도록 상세히 기술하여 학

습의 효율을 배려하였다. 이 책이 원가관리회계에 관심이 있는 이들에게 기본적인 이해를 넓힐 수 있는 좋은 학습재료가 되기를 바란다. 나아가 기업경영에 관심을 가지고 있는 분들이 이 책을 통해 조금이나마 도움을 받으실 수 있기를 희망한다. 그리고 이 책의 구성 내용 및 표현에 대해서는 부족한 점이 많음을 스스로 인식하고 있으며, 미비한 점에 대해서는 계속적인 연구를 통하여 수정 및 보완할 것을 약속한다.

이 책이 나오기까지 물심양면으로 도움을 주신 가족들과 한국학술정보㈜의 채종준 사장님이하 관계자 여러분께 감사의 말씀을 전하고 싶다.

저자 최영문

〈목 차〉

♣ 원가의 흐름과 원가관리 ♣

♣ 원가회계시스템 ♣

♣ 요소별 원가계산의 기초 ♣

♣ 원 가 배 분 ♣

♣ 활동기준원가계산(ABC) ♣

♣ 개별원가계산 ♣

♣ 종합원가계산 ♣

♣ 표준원가계산 ♣

♣ 원가의 흐름과 원가관리

학 습 목 표

이 장을 공부한 뒤, 여러분은 다음 사항을 숙지하여야 한다.

1. 원가의 개념 및 분류

2. 원가의 구성체계

3. 원가계산의 정의

4. 원가계산의 필요성과 목적

제1장 원가의 흐름과 원가관리

제1절 기업의 경영활동과 원가

"무 대리, 지난 상반기 영업실적은 어떠한가?", "사장님, 지난 상반기 동안의 매출실적은 지난해보다 무려 20%나 증가되었습니다. 이런 추세로 간다면, 연초에 예상했던 것보다 훨씬 많은 이익을 달성할 수 있을 것 같습니다."

"음 …… 그래?"

"근데 무 대리", "예, 사장님."

"손익계산서로 봐서는 자네 말이 사실인 것 같지만, 현금 잔고는 왜 이리 엉망인가?"

"아무리 신용매출을 했다지만, 지난해보다 최소한 같거나 조금은 많이 남아 있어야 하진 않는가? 게다가 올해는 특별한 시설투자도 없고 오로지 영업에만 전념해 왔으니 말일세."

"에 …… 그게 ……", "자네도 뭔가 좀 이상하지 않는가?"

"자네 가서 경리 부장 좀 오라고 하게.", "예, 사장님."

"어, 왔는가, 김 부장.", "김 부장은 상반기 우리 회사의 현금잔고가 왜 이리 나쁜지 그 원인을 알겠는가?", "음 ……, 정확히는 모르겠습니다만, 제 생각으로는 우리가 생산하고 있는 제품의 원가를 다시 한번 분석해 보심이 어떠한지요?", "아무래도 지난달 퇴직한 박 부장이 제품원가를 제대로 계산하지 못한 건 아닐런지요?"

"그래, 그럼 김 부장이 내일까지 제품원가를 다시 한번 계산해 보게 ……"

이 회사는 생산원가 이하의 판매가격으로 제품을 판매함으로써 매출이 증가하면 할수록 기업의 실질적인 손실은 점차 늘어가게 되고 결국 은행의 당좌예금 잔고의 부족으로 위기를 맞은 실제 기업의 사례를 언급한 것이다. 영업부서에서 오랫동안 근무한 전직 부장의 실수로 제품원가를 제대로 산정하지 못한 결과 기업에 막대한 손실을 안겨준 사례이다. 사실 전직 부장은 원가에 대한 개념조차 정확히 모르는 상태였고, 오로지 손익계산서상의 이익만을 추구하는 그런 사람이었다.

기업활동에서 원가계산은 매우 중요한 활동의 하나이다. 사장을 비롯한 관련 부서의 직원이 원가를 제대로 알지 못한다면, 개미가 거대한 나무집을 갉아먹어 넘어뜨리듯이 기업은 한순간에 도산될 수 있다.

한편, 원가와 관련하여 우리가 제고해야할 점이 있다. 원가를 분석하고, 제품원가를 계산하고, 원가절감을 위해 노력해야 하는 사람은 원가와 관련된 담당부서 직원만의 책임이라는 잘못된 사고방식을 바꿔야 할 것이다. 원가는 기업활동의 전반에 걸쳐 직·간접적으로 발생되는데 이를 관련 부서만 통제한다고 해서 원가의 낭비를 줄일 수 있는 것은 아니다.

여하튼 우리는 이러한 기존의 사고방식을 전환하기 위해 원가와 관련된 기본적인 내용을 학습해 보자.

1. 원가 및 관리회계의 일반

회계는 하나의 정보시스템이며 정보이용자에게 유용한 정보를 측정하여 전달하는 것을 기본적 기능으로 하고 있다. 회계는 이러한 정보이용자의 유형에 따라 크게 재무회계와 관리회계로 나누어지며 각각의 목적에 따른 독자적인 이론체계를 가지게 된다.

　원가회계는 전통적으로 제조업의 재고자산평가와 이익측정을 위한 제품원가계산에 중점을 두고 발전하여 왔으나 오늘날에는 경영자의 의사결정과 성과평가를 위한 원가정보의 제공이란 측면이 더욱 중요시되고 있다. 따라서 원가회계는 원가정보를 이용하고 평가하는 목적에 따라 재무회계와 관리회계라는 두 가지 회계영역과 모두 밀접한 관련성을 지니게 되는 것이다.

2. 원가의 개념적 기초

(1) 원가의 본질

－원가(cost): 특정목적을 달성하기 위한 경제적 자원의 희생을 말함

① 원가는 특정 경영목적과 관련된 희생만을 의미

　　→경영목적과 관련이 없는 희생은 원가가 아님(비원가항목)

② 원가는 특정목적을 위한 수단으로 과거에 희생된 가치뿐만 아니라 미래에 희생될 것도 포함→제품원가 계산목적뿐만 아니라 경영활동을 계획하고 통제하기 위한 목적의 원가개념도 포함

③ 재화 및 용역을 얻거나 이를 기업 고유의 생산물로 전환시키는 과정에서 희생된 경제적 자원은 모두 포함

④ 원가의 측정은 거의 대부분 화폐단위로 이루어진다.

　즉, 원가의 본질은 경제적 자원의 희생이며, 희생된 경제적 효익의 가치는 화폐단위로 측정된다는 뜻이다.

(2) 원가(Costs)란 ……

　원가(Costs)란 재화나 용역의 획득 등 특정목적을 달성하기 위하여 희생된 경제적 자원을 화폐가치로 측정한 것으로, 모든 경영활동과 관련하여 투입되는 대가 즉, 자금의 지출을 의미한다. 따라서 기업의 생산·판매·관리활동과 관련하여 정상적으로 발생된 모든 것을 포괄하

는 개념으로 실무에서 혼동되어 사용되고 있는 비용과는 명백히 구별된다.

기업은 경영활동을 통하여 이익을 극대화하기 위해 매출 등의 수익을 최대화하고 비용을 최소화하려고 한다. 이를 위해서는 사전에 필요한 자금의 지출이 있게 되는데 이를 원가라고 한다.

즉, 제품 생산을 위하여 원재료를 구입하거나, 노동자를 고용함으로써 임금이 발생하게 되고, 다른 기업이 생산한 제품을 판매하기 위해 상품을 매입하거나, 여타의 경비로 사용하기 위해 은행으로부터 자금을 차입하는 등 이로 인한 이자비용 등이 발생하게 된다. 이러한 일련의 지출 그리고 경제적 효익의 희생이 원가로 정의되며, 이 원가는 수익이 창출되기 이전에 지출된다는 특징이 있다.

앞서서 기업 경영활동의 목적은 이익의 극대화라고 언급했다. 기업은 이익을 극대화하기 위하여 부단한 노력과 기업의 힘(power)을 집중시키는데, 이러한 기업의 이익은 수익에서 비용 또는 원가를 차감하여 구해진다.

$$이익 = 수익 - 비용(원가)$$

이익을 극대화하기 위한 기업의 노력은 수익을 증대시키려는 방법과 함께 비용 또는 원가를 줄이려는 노력으로 나누어 볼 수 있다. 수익의 증대는 기업을 둘러싸고 있는 경제상황에 따라 민감하게 변하는 요소로 기업이 통제 불가능한 부분이 많다. 그러나 수익의 증대에 비해 비용(원가)의 절감은 기업의 경영정책에 따라 상당부분을 줄일 수 있는 요소이다. 물론 비용(원가)의 절감도 기업이 통제할 수 없는 부분이 있지만, 기업이 통제 가능한 부분을 얼마나 잘 분석하여 활용하는가에 따라 기업의 이익극대화 목적달성여부가 좌우된다.

원가와 자산, 비용, 손실과의 관계를 요약하면 다음과 같다.

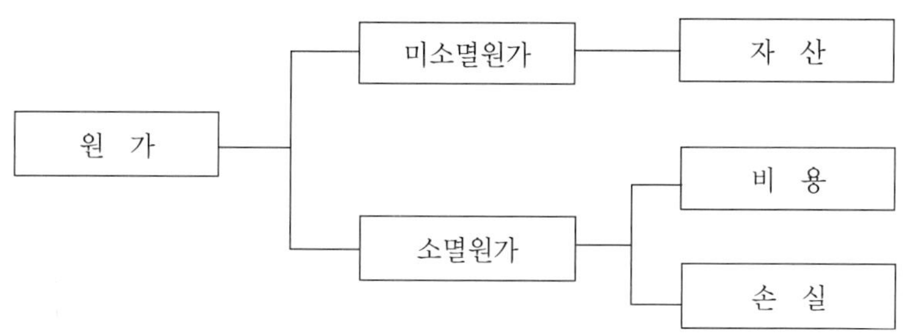

투하된 원가 중 미소멸원가는 자산으로 회계처리한 후 판매, 사용, 처분시점에 비용 또는 손실로 재분류되고, 소멸원가는 발생 즉시 비용 또는 손실로 회계처리 한다. 한편, 수익창출에 기여한 소멸원가는 비용으로 처리되고 수익창출에 기여하지 못한 원가는 손실로 처리한다.

3. 원가의 분류

원가·관리회계의 기본적인 사고는 「상이한 목적에 따라 상이한 원가를 적용」한다는 것으로서 경영자의 의사결정 목적에 따라 각각 다른 원가정보가 필요하다는 것이다.

경영활동과적에서의 여러 가지 목적달성을 위해서 원가회계담당자는 사용목적에 가장 적합한 원가정보를 제공할 수 있어야 한다. 원가정보의 사용목적과 필요한 형태에 따라 동일한 원가가 동시에 여러 가지로 분류될 수 있고 다양한 원가의 정의·측정·분류·이용방법이 있다.

18

① 추적가능성에 따른 분류

원가계산 시 제품 단위, 서비스 단위 등 원가단위에 직접 계산의 가능여부에 따라 직접원가와 간접원가로 분류된다. 즉, 발생된 원가가 어떤 원가대상에서 발생된 것인지를 확인할 수 있을 때 추적가능하다고 하며, 원가집적대상은 제품·부문·공정·활동·작업·계약·용역 등과 같이 원가를 부담하는 대상물을 의미한다. 이러한 원가집적대상은 절대적인 분류기준이 아니라 상대적인 개념이기 때문에 의사결정목적에 따라 그 추적가능성도 달라질 수 있다.

가. 직접원가(direct costs)

특정 원가대상에서 직접적으로 소비한 원가로 특정원가 대상에 직접 추적하여 부과할 수 있는 원가를 직접원가라고 한다. 따라서 직접원가는 원가대상과의 관련성을 찾기 쉬우므로 원가의 추적이 비교적 용이하고 간편하다.

나. 간접원가(indirect costs)

특정 원가대상에서 소비한 원가를 구체적으로 추적할 수 없는 원가, 추적할 수 있다하더라도 비경제적인 원가를 간접원가라고 한다. 간접원가는 원가대상과의 직접적인 인과관계를 파악할 수 없으므로 합리적 배분기준에 따라 원가대상에 배분된다.

② 원가행태에 따른 분류

원가행태(cost behavior)란 조업도 수준이 변화함에 따라 총원가 발생액이 일정한 형태로 변화할 때 그 변화형태를 말한다.

관련범위 내에서 특정조업도의 증감변동에 따른 총원가의 변동행태에 따라 원가는 변동원가, 고정원가, 혼합원가(준변동원가), 계단원가(준고정원가)로 나뉜다.

가. 변동원가(variable costs)

특정조업도 수준이 변화함에 따라 관련범위 내에서 총원가가 비례적으로 증감하는 원가를 말한다. 자동차를 생산하기 위해서는 엔진이 투입되는데 자동차 생산이 두 배 증가하면 엔진 또한 두 배 투입될 것이다. 즉 자동차의 생산량이 증가함에 따라 투입되는 엔진 또한 비례적으로 증가하는데 이러한 원가를 변동원가라 한다.

나. 고정원가(fixed costs)

일정기간 동안 특정조업도 수준의 변화에 관계없이 관련범위 내에서 총원가가 항상 일정한 원가를 말한다. 총고정원가는 조업도 수준이 증가하더라도 변화하지 않고 일정하다. 예를 들어, 회사가 제품을 생산하기 위한 설비를 임차하면서 매년 ₩1,000,000씩 지급하기로 하였다면, 제품을 몇 단위 생산하든지에 관계없이 매년 ₩1,000,000의 임차료를 지불해야 한다. 이와 같이 고정원가는 그 총액이 조업도의 변동에 아무런 영향을 받지 않는다.

다. 준변동원가(semi-variable costs)

준변동원가는 고정원가와 변동원가의 두 가지 요소를 모두 가지고 있다. 준변동원가는 특정조업도 수준에 관계없이 일정하게 발생하는 고정원가와 특정조업도 수준이 증가함에 따라 비례적으로 발생하는 변동원가로 구성되어 있다. 즉, 조업도 수준이 0일 때 고정원가와 같이 일정한 값을 갖고 조업도 수준이 증가함에 따라서 변동원가와 같이 증가하게 된다. 예를 들어, 전기료, 전화료 등은 사용하지 않아도 발생하는 기본요금과 사용량에 따라 증가하는 요금으로 구성되어 있다.

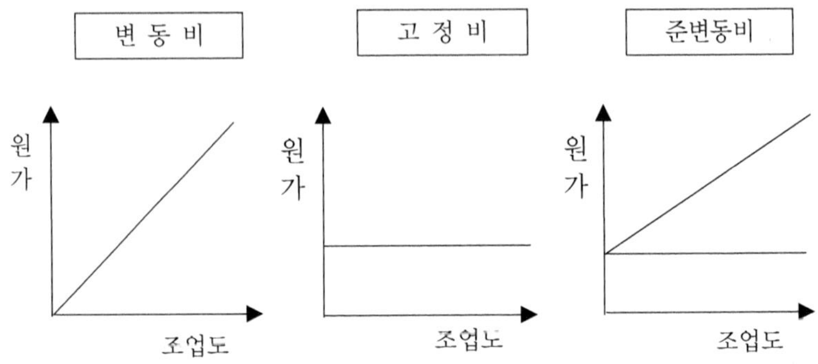

라. 준고정원가(semi-fixed costs)

총원가가 일정한 범위의 조업도 수준에서는 일정하지만, 일정한 조업수준을 초과하였을 경우에는 달라지는 원가를 말한다. 준고정원가의 총원가는 계단형태로 표시되는데 최대의 조업수준에서 최고수준의 원가가 발생하게 된다. 이러한 준고정원가는 생산투입요소가 불가분성을 갖기 때문에 발생한다. 예를 들어, 생산감독자의 급여로 생산감독자 한 명은 일정한도의 종업원을 감독하는 것이 가능하나 이러한 한도를 초과할 때마다 추가적으로 감독자 한 명씩을 고용해야하기 때문이다.

③ 통제 가능성에 따른 분류

가. 통제 가능원가(controllable costs)

특정 관리자가 원가의 발생 정도에 영향을 미칠 수 있는 권한이 있는 원가로 특정 관리자에 대한 성과평가 시 고려되어야 한다. 즉, 통제가능원가는 특정 관리자의 업적을 평가하는 데 유용한 개념으로 책임회계에서 중요시 된다.

나. 통제불능원가(uncontrollable costs)

특정 관리자가 원가의 발생 정도에 영향을 미칠 수 있는 권한이 없는 원가로 이는 특정 관리자의 통제밖에 있으므로 특정 관리자에 대한 성과평가 시 배제되어야 한다.

④ 의사결정과의 관련성에 따른 분류

가. 관련원가(relevant costs)

관원원가는 특정 의사결정과 직접적으로 관련 있는 원가로 선택 가능한 대안 사이에 발생할 수 있는 미래의 원가차이를 의미한다. 따라서 관련원가를 차액원가라고도 한다. 차액원가는 변동원가인가 고정원가인가에 관계없이 대체안 간에 차이가 있는 미래원가를 말한다.

나. 비관련원가(irrelevant costs)

비관련원가는 특정 의사결정과 관련이 없는 원가로 이미 발생하였으므로 현재의 의사결정에 아무런 영향을 미치지 못하는 기발생원가와 각 대한들 간에 금액의 차이가 없는 미래원가를 말한다.

다. 매몰원가(sunk costs)

과거의 의사결정의 결과로 이미 발생된 원가로 현재의 의사결정에는 아무런 영향을 미치지 못하는 원가를 말한다. 따라서 이는 의사결정시점 이전에 발생이 확정된 원가로 의사결정 대안들 사이에 차이가 없으므로 그 금액이 아무리 크고 중요하다고 하더라도 당해 의사결정에 관한 한 무시해도 좋은 비관련원가가 된다. 비록 과거에 발생된 역사적 원가가 의사결정에 관련이 없다고 하더라도 미래의 의사결정을 하기 전에 역사적 원가를 자세히 분석해야 한다.

4. 원가회계의 정의

원가회계(cost accounting)란 외부 또는 내부 정보이용자의 목적에 적합한 원가정보를 측정하여 전달하는 회계시스템을 의미한다.

5. 원가회계의 목적

① 제품원가 계산목적(product costing): 재고자산의 평가와 이익측정
② 의사결정목적(decision making) - 계획: 일상적 의사결정. 장·단
   기 특수의사결정
③ 성과평가목적(performance evaluation) - 통제: 계획과 실적 대비.
   경영활동 피드백

[사례]
중앙(주)의 김 사장은 사업체를 방문하려고 한다. 이와 관련하여 김 사장
은 택시를 타고 갈 것인지, 업무용차량을 이용할 것인지 고민하고 있다.

김 사장은 이 두 가지 교통수단 중 원가가 적게 드는 수단을 이용하려고 한다.
어떤 교통수단을 이용해야 하는가?

◎ 택시를 이용할 경우
   택시요금: ₩6,000
◎ 업무용 차량을 이용할 경우
   유 류 비: ₩4,000
   보 험 료: ₩1,500
   자동차세: ₩1,000

[해답]
총원가를 고려하면 택시를 이용할 경우가 업무용차량을 이용하는 경우보다
₩500의 비용이 적게 들기 때문에 택시를 이용할 것이다. 그러나 보험료와
자동차세는 택시를 이용하는 경우에도 발생하는 매몰원가이므로 업무용 차
량을 이용하는 경우가 택시를 이용하는 경우보다 ₩2,000이 적게 들기 때문
에 유리하다. 이러한 의사결정과 관련하여 사용되는 개념이 차액원가이다.

라. 기회원가(opportunity costs)

경영자는 경영활동과정에서 수시로 여러 가지 대안 중 하나를 선택하는 의사결정문제에 직면하게 된다. 어느 대안을 선택하면 다른 대안은 포기할 수밖에 없는데 이를 포기해야하는 대안에서 얻을 수 있는 효익이 기회원가이다. 달리 표현하면 어떤 대안을 선택할 경우 포기해야 하는 효익이 기회원가이다. 예를 들어 A기업이 생산시설의 일부를 다른 기업에 ₩1,000,000을 받고 임대하고 있는데 이 시설을 이용하여 제품을 생산하기로 한다면 A기업은 임대라고 하는 대안을 포기해야 하므로 이로 인하여 ₩1,000,000의 임대료는 상실될 것이다. 따라서 이 경우 제품생산에 대한 기회원가는 임대료 수익이 된다. 이러한 기회원가는 회계장부에는 기록되지 않지만 의사결정을 할 때에는 반드시 고려해야 한다.

[사례]
중앙(주)은 K은행에 정기예금 100억 원(이자율: 연10%)이 있는데, 최근에 급부상하고 있는 벤처기업인 모모회사의 구상중인 연간 투자수익률이 12%인 사업에 투자하려고 하고 있다.
중앙(주)의 김 사장은 어떤 대안을 선택해야 하는가?

[해답]
◉ 정기예금을 선택하는 경우
　기회비용: 연 12%의 투자수익 12억 원
◉ 사업을 선택하는 경우
　기회비용: 연 10%의 정기예금이자 10억 원

김 사장은 기회비용이 낮은 사업을 선택하는 것이 유리하다.

〈참고〉
투자수익률〉기회비용: 투자승인
투자수익률〈기회비용: 투자거부

⑤ 제조활동에 따른 분류

가. 제조원가(manufacturing costs)

제조기업은 제조활동을 통하여 제품을 생산한다. 제조활동이라 함은 공장종업원의 노동력과 생산시설을 이용하여 생산과정에 투입된 원재료를 제품으로 전환하는 활동을 의미한다. 이 제조활동과정에서 발생하는 원가를 제조원가라고 하는데 이 제조원가에는 직접재료비, 직접노무비, 제조간접비의 세 가지 요소가 포함되며, 이를 제조원가 3요소라고 한다.

나. 비제조원가(non-manufacturing costs)

기업의 제조활동과 관계없이 제품의 판매활동과 일반관리활동에서 발생되는 원가로 고객으로부터 주문을 받고 제품을 고객에게 인도하는 과정에서 발생하는 판매비(광고비, 선적비, 판매수수료, 판매직원에 대한 급여 등)와 조직을 관리·운영하는 과정에서 발생하는 관리비(경영자의 급여, 일반사무비용, 사무용 시설의 보험료와 감가상각비, 재산세 등)가 비제조원가에 포함된다.

⑥ 결합원가와 공통원가

가. 결합원가(joint costs)

공통의 제조공정을 거쳐서 공통의 투입요소로부터 동시에 생산되는 두 종류 이상의 제품인 연산품을 생산하는 과정에서 발생되는 제조원가를 결합원가라고 한다. 연산품원가계산을 위해서는 결합원가를 연산품에 배분해야 한다.

나. 공통원가(common costs)

둘 이상의 원가대상에 대하여 공통적으로 발생하기 때문에 인위적

배분과정에 의하여 원가대상에 배분되는 원가를 말한다.

5. 원가의 구성체계

기업에서 재무회계적인 전체의 원가구성과 판매가격까지의 원가단계는 다음과 같다.

| 재료비
노무비
제조경비 | 판매·관리비
제조원가
(용역원가) | 금융비용 등
영업원가 | 이 익
총원가 | 판매가격 |

6. 원가(Costs)와 비용(Expenses)의 차이

「원가」와 비슷한 개념으로 우리는 「비용」이라는 말을 자주 사용한다. 일반적으로 교통비를 지불하였다면 「비용」으로 표현할 것이고, 자동차를 구입했다면 「원가」라고 표현할 것이다.

원가와 비용이 어떤 차이가 있는지 좀 더 자세히 살펴보자.

① 원가는 재화 및 용역의 생산·취득과 관련되는 지출이고 비용은 수익과 관련되는 지출이다.

예를 들어, 제품생산 또는 상품구매 시 지출되는 대가는 원가이며,

이것이 판매(수익의 실현)될 때 비용으로 된다.

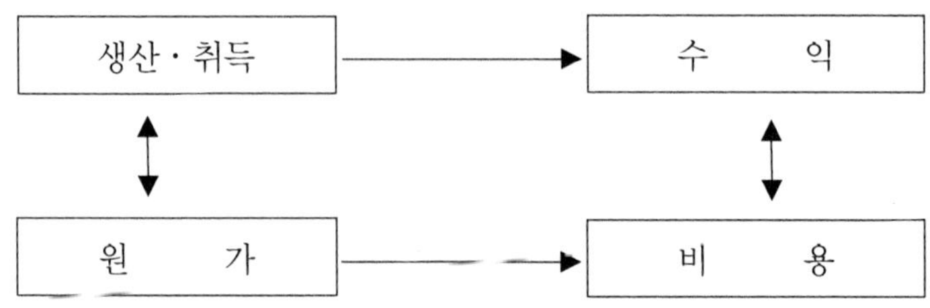

② 원가는 재화 및 용역의 생산・취득 시점에서 발생되고 비용은 판
  매시점에서 발생된다.

고정자산, 재고자산 등의 취득 시 지불되는 금액이 원가이며, 당해연
도 매출액을 얻기 위하여 당해연도 투입된 원가분(고정자산의 감가상
각비, 재고자산 판매분의 매출원가)이 비용이다. 발생된 원가는 원가계
산에 의하여 비용과 자산으로 나누어지며, 비용은 당해연도 비용, 자산
은 차기연도 이후 비용화된다.

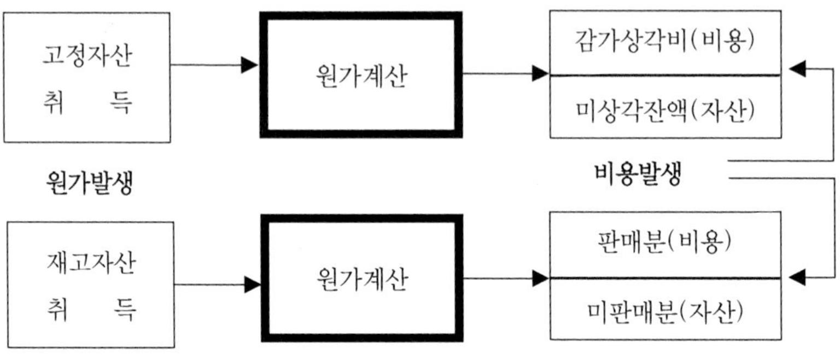

③ 원가는 결국에는 비용화되지만, 원가 중에는 비용으로 되지 않는
  것이 있으며(토지), 비용이지만 수익과 관련 없이 손실로서 발생
  하는 것도 있다. (재해손실 등)

이처럼 원가와 비용은 개념상 발생시점 및 범위에서 근본적으로 차이가 나지만 원가와 비용이 다같이 경영활동을 하기 위하여 들어가는 돈이라는 점에서는 같다.

제2절 원가계산의 기초

1. 원가계산은 필요한가?

기업의 경영자나 중간관리자들에게 '당사가 생산하는 제품의 원가가 얼마인가요? 또는 원가는 어떤 방법으로 계산하나요?'라고 질문을 하면 많은 사람들이 명쾌한 답변을 하지 못하는 것을 경험할 수 있다. 심지어 어떤 사람들은 '원가계산은 경리부서나 회계담당자들이 할 일이지 우리는 알 필요가 없다'고 말하기도 한다. 그러나 이는 원가의 중요성을 모르고 하는 말이다.

기업의 목표가 이윤추구, 즉 이익을 추구하는 것이라면 기업이익의 정확한 측정은 정확한 원가계산으로부터 출발한다고 할 수 있다.

이미 앞에서 언급한 바와 같이, 이익은 총수익에서 총원가를 차감하여 계산된다. 대개의 경우 판매가격은 원가에 일정한 마진율을 곱하여 계산한다. 그러므로 정확한 원가가 얼마인지를 모른다면 정확한 총수익도 알 수 없을 것이며, 나아가 정확한 이익의 측정도 불가능할 것이다.

최근에는 경쟁업체 간의 지나친 가격파괴경쟁이 붐을 이루고 있다. 그러나 이런 가격파괴의 성공은 원가를 알아야 가능하며, 얼마나 더 싸게 팔 수 있느냐를 결정할 수 있다.

원가는 제품을 만들기 위해 소비된 것으로 제품 생산을 위한 기계, 설비, 전력비, 수도·광열비, 건물에 대한 감가상각 등 모든 것들이 원가가 된다. 회계담당자들이 수행하는 원가계산은 이러한 제반 원가를 화폐단위로 측정한 것이다. 재무회계에서 회계처리의 대상이 되는 거래는 화폐가치로 측정 가능한 것만 포함하듯이, 원가계산에도 마찬가지다.

따라서 원가를 절감하고 관리히기 위해서는 회세남낭자의 노력만 필요한 것이 아니라, 작업현장의 기술자나 관리자들의 불필요한 낭비를 줄이는 것이 필요하다. 더구나 회계담당자의 노력은 원가절감에 아무런 도움이 되지 않을 수도 있다.

많은 사람들이 이러한 사실을 잘 이해하지 못함으로써 원가란 경리나 회계담당자들이 원가계산이나 손익계산을 하는 데 필요한 것이고, 현장 기술자나 관리자는 알 필요가 없다고 생각해 왔다. 그러나 원가에 관심을 가지고 있어야 할 주체는 제조부문의 현장 근로자나 관리자들이다.

경쟁력을 확보하고 다른 기업보다 우위에 서기 위해 원가절감과 원가관리를 하려면 우선 경영자는 원가 그 자체와 원가를 측정한 결과인 원가수치를 구별할 수 있어야 한다. 그리고 경영자를 포함한 모든 기업 구성원은 기업경영활동에서 나타나는 원가를 볼 수 있도록 해야 하고 보이는 원가를 관리하는 원가마인드를 가져야 한다.

2. 원가계산에 필요한 기초지식?

회계를 공부하다보면 다양한 종류의 원가개념이 나온다. 그러나 이러한 다양한 원가개념을 정확히 이해하지 못한다면 의사결정에 차이를 가져오게 되고, 나아가 거래가 성립되지 않을 수도 있다. 여기서는 몇 가지 중요한 원가개념을 살펴본다.

먼저 취득원가 또는 역사적 원가라는 개념이다. 이는 과거에 자산을 취득하거나 부채를 조달할 때 측정된 원가로 과거에 실제 일어난 사실에 따라 기록되는 원가개념이다. 이 원가개념은 사실에 입각하고 있으므로 신뢰성이 있고 객관적이라는 점에서 회계의 근간이 되고 있는 원가개념이다.

만약 10년 전에 도자기 한 점을 10만 원 지급하고 구입했다고 하자. 이 도자기는 현재 시가로 1억의 가치가 있는 자산이라면, 취득원가주의에 따른 원가는 1억이 아니라 10만 원에 불과하다. 이 도자기 자산을 장부에 기록할 경우에는 현행 시가인 1억으로 기록할 것이 아니라 10만 원으로 기록해야 한다. 시가는 시간의 경과에 따라 계속적으로 변하기 때문에 지금 당장 매각하지 않는다면 1억을 손에 넣을 수 없다. 이러한 불확실한 가치를 장부에 기록한다는 것은 부당하기 때문에 실제 거래결과에 따른 역사적 원가로 기록해야 한다.

한편 역사적 원가로의 기록은 현행가치를 제대로 반영하지 못한다는 단점이 있다. 이러한 현행원가를 반영하지 못하기 때문에 과거 10년 동안의 시가변화에 따른 미실현이익을 반영하지 못하여 미래의 잠재적인 현금흐름에 대한 정보를 제공하지 못한다는 단점이 있다.

다음은 대체원가라는 개념이다. 대체원가는 현재 소유하고 있는 자산과 동일한 효익을 제공하는 다른 자산으로 대체할 경우 지급해야 하는 원가를 말한다.

예를 들어, 甲(주)은 3년 전 만두피를 제조하는 기업으로 설립되어, 만두피를 제조하는 기계를 특별 주문하여 제작하였다. 지금까지 2년 동안 사용해 왔는데 최근의 만두에 대한 수요가 급증하면서 기존의 기계로는 도저히 수요를 충당할 수 없는 지경이 되었다. 그래서 지금 사용하고 있는 기계와 동일한 능력을 가진 만두피 제조기계를 3대 더 주문하여 대체하기로 하였다. 3년 전에는 기계당 2억씩에 제작하였지만, 지금은 재료비나 인건비 상승 등의 원인으로 3억씩에 제작을 해야 한다. 위 사례의 경우 새로 제작하는 기계의 제작원가인 3억이 대체원가가 된다. 이러한 대체원가는 미래에 대한 의사결정에 중요한 원가개념이라고 할 수 있다.

다음은 기회원가 개념이다. 기회원가 또한 의사결정시에 고려해야 하는 중요한 원가이다. 기회원가는 희생된 경제적 자원을 대체적인 용도에 사용했더라면 얻을 수 있었던 최대의 이익, 다시 말해서 특정용도에 자원을 사용함으로써 '포기된 최대의 공헌액'으로 측정한 원가이다. 따라서 재무회계와 유기적인 관계를 갖는 원가회계제도에서 사용되는 원가개념은 원칙적으로 지출원가이며, 경영의사결정목적을 위한 특수원가조사에서는 기회원가가 적용된다.

3. 원가계산이란?

원가를 절감하고 관리하기 위해서는 현재 원가가 얼마인가를 측정하는 원가계산이 필수적이다. 전통적인 원가계산은 과거 경영활동의 결과를 기록하여 계산된 원가는 각종 회계보고서를 작성하는 자료로만 이용되는 것에 불과했지만, 현대의 원가계산은 이러한 결과를 토대로 미래를 예측하고, 계획을 세울 수 있는 지표로 활용할 수 있어야 한다.
기업이 원가계산을 하는 이유는 제품을 생산하는 데 소비된 원가가 얼마인지를 측정하고, 측정된 원가를 이용하여 원가관리를 효과적으로 하자는 것이다.
이와 같이 원가를 기업경영에 효과적으로 사용하여 기업의 목적을 달성하기 위해서 경영자가 알아야 할 원가지식은 네 가지로 요약할 수 있다.
첫째, 제품원가계산 방법을 알아야 한다.
둘째, 표준원가계산, 표준원가차이분석 및 업적평가시스템에 대한 지식을 통해 경영관리에 활용할 수 있는 능력을 지녀야 한다.

셋째, 원가 – 조업도 – 이익분석(C. V. P분석), 직접원가계산 그리고 차액원가계산 등 특수원가분석기법에 대한 이해가 필요하다. 이런 원가계산은 경영의사결정에 필요한 수단이 된다.

넷째, 최근의 급격한 기업환경의 변화에 대응하기 위해서는 활동기준원가계산(ABC), 목표원가계산(Target Costing), 품질원가계산(Quality Costing) 등에 대한 이해가 필요하다.

위에서 열거한 다양한 원가계산에 대한 지식과 방법을 익히는 것은 물론 중요하다. 그러나 이 모든 원가계산에 대한 지식을 좁은 지면을 통해 모두 이해한다는 것은 불가능하다. 그래서 본서는 이런 원가계산과 관련된 기본적인 지식을 이해하고, 어느 정도의 이론적 배경을 학습하는 데 초점을 두고자 한다. 처음 원가회계를 접하는 독자들은 다소 힘든 면이 없지 않겠지만, 이해를 돕기 위해 쉽고 간단한 사례를 첨부하여 이해를 돕고자 하였다.

[사례]

대학로에서 장식품매장을 경영하고 있는 이사장은 최근 경기침체로 인하여 판매실적이 매우 낮아졌다. 올해는 지난해에 비해 매출이 20%나 감소된 것으로 나타났다. 이사장은 매출실적을 높이기 위해 여러 가지 방안을 강구하고 있다.

- 올해 총매출액이 ₩25,000,000인데 모든 경비를 공제하고 나면 얼마의 이익이 남는 것인가? 그렇지 않으면 손실인가?
- 어떤 품목을 판매해야 유리한 것인가?
- 올해 총제세공과금이 지난해의 ₩2,000,000에 비해 50%나 증가된 ₩3,000,000인데 예상보다 훨씬 많은 금액이다. 어떻게 해야 하나?
- 다른 사업으로 전환을 하나 아니면 점포세가 많으므로 점포규모를 줄일까?

① 상품매출로 인한 이익은 얼마인가?

올해의 매출이 ₩25,000,000인데, 한 해 동안 매출을 위해 투자한 상품매입원가, 점포임대료, 제세공과금, 기타 부대비용 등의 원가를 계산해 보아야 당년도의 순이익을 계산할 수 있다. 당년도의 순이익은 총매출액(수익)에서 총비용을 차감하여 계산된다.

$$순이익(손실) = 총수익 - 총비용$$

② 판매하는 상품의 구성을 어떻게 할 것인가?

개별 상품별로 공헌이익을 계산하여 공헌이익이 높은 상품을 판매하는 것이 유리하다. 공헌이익은 상품의 판매가격에서 변동비를 차감하여 계산된다. 여기서 상품의 구성에 변동비만을 고려하는 공헌이익을 계산하는 이유는 고정비의 경우는 어느 상품을 판매하더라도 계속적으로 발생하기 때문에 의사결정에 필요 없는 자료가 된다. 이러한 공헌이익을 계산할 때 개별 상품과 직접적으로 관련된 변동비를 계산하기 위해서는 상품별 원가를 계산해 보아야 어떤 상품이 유리한 상품인지 알 수 있다.

$$공헌이익 = 판매가격 - 변동비$$

③ 예상원가보다 많은 원가의 발생의 원인은?

제세공과금을 비롯한 각종 원가가 당초에 예상했던 금액에 비해 많이 발생했다면, 그 원인을 밝혀서 줄일 수 있어야 한다. 물론 통제 가능한 원가인지 통제 불가능한 원가인지에 따라 발생금액의 절감여부가 결정될 것이다. 이 경우도 실제 발생한 원가와 예상원가를 계산할 수 있어야 원가차이의 원인을 알 수 있을 것이다.

원가차이＝실제발생원가－예상원가

④ 다른 사업으로 전환을 할 것인지, 아니면 점포의 규모의 축소와 관련된 의사결정은 다른 사업으로의 전환으로 인한 증분수익이 사업전환으로 인한 증분비용을 초과여부와 관련된다. 한편 점포의 규모축소는 직접적으로 매출의 감소로 직결된다면, 점포의 규모축소로 인한 매출액의 감소보다 점포임대료와 같은 고정비의 지출의 감소가 훨씬 크다면 점포의 규모를 축소하는 것인 유리하다.

공헌이익감소액 〈 고정비절감액: 점포규모축소
공헌이익감소액 〉 고정비절감액: 현 상 유 지

4. 원가계산을 하는 목적은?

기업에서 원가계산을 하는 목적은 다음과 같이 네 가지로 정의해 볼 수 있다.

(1) 재무제표작성 목적

기업은 외부의 이해관계자들이 기업의 경영상태에 대하여 올바른 판단을 할 수 있도록 필요한 정보를 제공하기 위해 재무제표를 작성하게 된다. 이때 회계연도 말에 기업이 보유하고 있는 재고자산의 원가나 회계연도 중에 발생한 매출원가를 산정해야 재무제표를 작성할 수 있으므로 원가계산이 필요하다.

(2) 원가관리 목적

원가는 기업의 이익과 밀접한 관계에 있다. 즉, 기업이 이익을 많이 내기 위해서는 원가관리가 잘 이루어지고 있어야 한다. 이러한 원가관리를 위해서는 실제로 발생한 원가를 평가하기 위한 기준이 있어야 하므로 원가계산이 필요하다.

(3) 가격결정 목적

판매가격은 원가에서 일정한 이익을 더하여 결정되어야 하므로 적정한 이익이 확보될 수 있는 적정가격을 결정하기 위해서는 원가계산이 필요하다.

(4) 경영의사결정 목적

경영의사결정은 여러 대체안 중에서 가장 합리적이라고 판단되는 대안을 선택하는 것인데 궁극적으로 손익이 최우선이 되므로 원가계산이 필요하다. 예를 들면 판매가격을 어느 정도 인하해도 될 것인가, 생산량을 더 증대시킬 것인가, 적자제품을 철수 할 것인가, 자가생산, 외주 의사결정 등 관리적 의사결정 목적으로 필요하다.

의의 네 가지 원가계산을 분류해 보면, (1)의 목적은 외부보고를 위한 재무회계목적이며, (2) (3) (4)의 경우는 내부 경영의사결정과 관련된 관리회계목적이다.

♣ 원가회계시스템

이 장을 공부한 뒤, 여러분은 다음 사항을 숙지하여야 한다.

1. 원가회계시스템의 정의

2. 전부원가계산과 직접원가계산의 차이

3. 실제원가계산과 표준원가계산의 차이

4. 개별원가계산과 종합원가계산의 차이

제2장 원가회계시스템

제1절 원가회계시스템이란?

원가회계시스템(cost accounting system)이란 원가를 집계하고 집계된 원가를 원가계산대상에 배분하는 일련의 절차를 말하며, 이는 주로 제품원가계산을 위한 것이다. 원가회계시스템은 제품원가의 구성내용, 원가의 측정기준 및 집계방법에 따라 다음과 같이 여러 가지로 설계하여 운용할 수 있다.

1. 전부원가계산과 직접원가계산

고정제조간접원가를 제품원가에 포함시키느냐, 아니면 기간비용으로 처리하느냐에 따라 전부원가계산과 직접원가계산의 두 가지 종류로 나누어진다. 전부원가계산(absorption costing)은 고정제조간접원가를 포함한 모든 제조원가를 제품원가로 처리하고, 판매 및 일반관리활동에서 발생한 원가를 기간비용으로 처리하는 원가계산방법이다. 한편, 직접원가계산(direct costing) 또는 변동원가계산(variable costing)은 고정제조원가를 제외한 변동제조원가만을 제품원가에 포함시키고 고정제조원가와 판매비 및 관리비는 기간비용으로 처리하는 원가계산방법으로서 부분원가계산의 하나이다. 따라서 어떤 원가계산방법을 적용하느냐에 따라 재고자산의 평가액과 기간손익이 달라지게 된다. 우리나라「원가계산준칙」에서는 외부보고용 재무제표를 작성하는 경우 전부원가계산을 채택하도록 하고 있다.

2. 실제원가계산과 표준원가계산

제품제조에 따른 원가는 여러 가지 기준에 의해 측정될 수 있는데, 원가의 측정기준에 따라 실제원가계산과 표준원가계산의 두 종류로 구분된다. 실제원가계산(actual costing)은 경영활동의 실상을 그대로 나타내고자 실제의 사용수량과 실제의 구입가격을 기준으로 제품의 제조에 소요된 원가를 계산하는 것이다. 그런데 직접재료원가와 직접노무원가는 실제원가를 적용하되, 제조간접원가는 예정배부율에 따라 결정된 원가를 적용하는 경우 이와 같은 원가계산방법을 정상원가계산(normal costing)이라 한다. 이에 반해 표준원가계산(standard costing)은 원가관리를 목적으로 사전에 정해진 표준수량과 표준가격을 기준으로 제품의 제조원가를 계산하는 것이다. 실제원가계산과 표준원가계산은 모두 원가계산제도로서 인정되고 있다.

한편, 표준원가계산제도를 채택하고 있는 경우라도 외부보고용 재무제표를 작성하는 경우 「원가계산준칙」에서는 실제원가계산제도를 채택하여 공시하도록 하고 있다.

3. 개별원가계산과 종합원가계산

제품별로 원가를 집계하는 방법에 따라 개별원가계산과 종합원가계산의 두 가지 형태로 나누어진다. 개별원가계산(job-order costing)은 고객의 주문에 따라 선박을 건조하는 조선소의 경우와 같이 종류를 달리하는 제품을 개별적으로 생산하는 생산형태에 적용하는데, 1단위 또는 일정수량의 제품에 대하여 제조지시서를 발행하고 제조원가를 각 지시서별로 집계하는 방법이다. 그리고 종합원가계산은 석유정제공장의 경우와 같이 제품을 반복하여 연속적으로 생산하는 생산형태에 적용하는데, 각 제품별로 원가를 집계하는 것이 어렵기 때문에 일정한 회계기간별로 특정부문에서 발생한 모든 제조원가를 집계하는 방법이다. 이외에도 개별원가계산과 종합원가계산의 특성을 혼합한 혼합원가계산시스템이 있다.

<원가회계시스템의 종류>

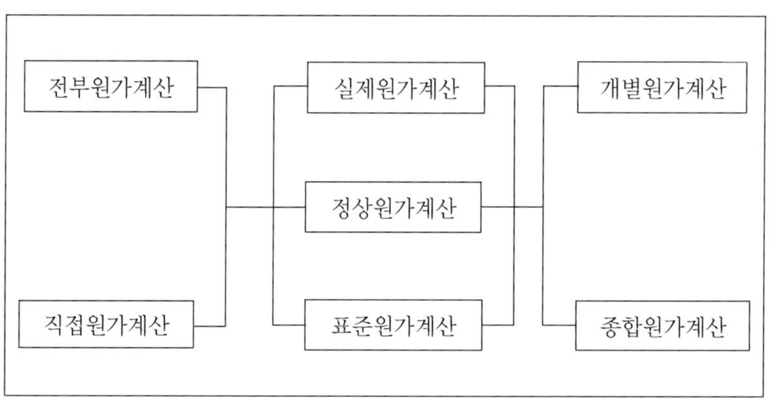

제2절 제조원가의 흐름과 결정

제조원가는 제조과정에 투입된 원가를 의미하며, 직접재료원가, 직접노무원가, 간접제조원가 세 가지로 구성된다. 세 가지 원가들은 제조과정을 거치면서 재료, 재공품, 제품, 매출원가를 구성하게 된다. 재료는 제품제조에 사용할 목적으로 구입한 원재료가 생산에 아직 사용되지 않은 부분을 의미하고, 재공품은 중간제품, 즉 제조과정 중의 제품을 의미하며, 제품은 생산이 완료된 제품 중 판매되지 않은 부분을, 매출원가는 판매된 제품의 제조원가를 의미한다.

1. 제품원가의 계산

제품원가의 계산은 각 기업의 원가시스템에 따라 여러 가지 다른 방법으로 계산된다.

(1) 제조공저의 유형

① 작업별 원가계산(개별원기계신): 주문생산의 성우처럼 각 작업뱃치별로 원가가 다르게 발생되는 경우 각 작업을 원가대상으로 하여 제품원가가 계산된다.

② 공정별 원가계산(종합원가계산): 각 제품이 동일한 공정에 의하여 반복적으로 생산되는 경우 동일한 공정을 원가대상으로 하여 제품원가가 계산된다.

③ 혼합원가계산: 작업별 원가계산과 공정별 원가계산이 혼합되어 있는 경우의 원가계산방법이다.

(2) 원가 측정방법

① 실제원가계산: 직접재료원가, 직접노무원가, 간접제조원가 등 모든 제조원가를 실제발생액으로 제품원가에 포함시키는 방법으로 기업회계기준에서 재무보고 목적으로 허용된 방법이다.

② 정상원가계산: 직접재료원가와 직접노무원가는 실제원가에 의하고 간접제조원가는 예정원가에 의하여 제품원가를 계산하는 방법이다.

③ 표준원가계산: 간접제조원가뿐만이 아니라 직접재료원가, 직접노무원가도 예정(표준)원가에 의하여 제품원가를 계산하는 방법으로 실제원가와 표준원가의 비교에 의하여 원가통제가 가능하게 된다.

(3) 제품원가의 범위

① 전부원가계산 : 제품원가에 소요된 모든 제조원가가 제품원가에 포함되며 기업회계기준에서 재무보고 목적으로 허용된 방법이다.

② 변동원가계산(직접원가계산) : 제품생산에 소요된 변동원가인 직접재료원가, 직접노무원가, 변동제조간접원가만을 제품원가에 포함시키고 고정원가인 고정제조간접원가는 당기비용으로 처리된다.

2. 원가계산과정

(1) 당기총제조원가

당기에 제품제조를 위해 투입된 총원가요소를 말하며, 직접재료원가, 직접노무원가, 간접제조원가로 구성된다.

$$당기총제조원가 = 직접재료원가 + 직접노무원가 + 간접제조원가$$

직접재료원가는 기초재고와 기말재고를 고려하여 다음과 같이 계산된다.

$$직접재료원가 = 기초재료재고액 + 당기재료매입액 - 기말재료재고액$$

직접노무원가는 임금지급액에 전기나 당기의 미지급분을 조정하여 당기분을 계산하고 간접제조원가는 간접재료원가, 간접노무원가, 경비 등을 집계하여 총액을 제조원가에 산입한다.

(2) 당기제품제조원가

당기 중에 완성된 제품의 제조원가를 말하며 이는 당기총제조원가에 기초 및 기말 재공품을 조정하여 계산한다.

$$당기제품제조원가 = 기초재공품원가 + 당기총제조원가 - 기말재공품원가$$

(3) 매출원가

당기에 판매된 제품의 원가를 말하며, 이는 당기제품제조원가에 제품의 기초·기말재고를 조정하여 계산된다.

$$매출원가 = 기초제품재고액 + 당기제품제조원가 - 기말제품재고액$$

3. 회계처리

(1)원재료의 매입

(차) 원재료　　　×××　　　(대) 매입채무 (또는 현금)　　　×××

재료를 구입한 경우 원재료 계정의 차변에 기록한다.

(2) 원재료의 사용

(차) 재공품　　　×××　　　(대) 원재료　　　×××

이 경우는 재료를 모두 직접재료원가로 처리한 경우이고, 만약 재료 사용분 중 간접재료원가로 사용한 부분이 있으면 이는 간접제조원가로 처리하여야 하므로 다음과 같이 분개하여야 한다.

(차) 간접제조원가　　　×××　　　(대) 원재료　　　×××

(3) 직접노무원가의 발생

공장근로자의 임금과 같은 직접노무원가는 다음과 같이 처리한다.

(차) 재공품　　　×××　　　(대) 미지급임금　×××

공장감독자 등과 같은 간접노무원가는 간접제조원가로 대체한다.

(차) 간접제조원가　×××　　　(대) 미지급임금　×××

(4) 간접제조원가의 발생

(차) 간접제조원가　×××　　(대) 미지급임금　　×××

　　　　　　　　　　　　　　　　공장소모품　　×××

　　　　　　　　　　　　　　　　미지급비용　　×××

　　　　　　　　　　　　　　　　감가상각누계액　×××

(5) 간접제조원가의 대체

간접제조원가가 집계되면 이를 재공품으로 대체한다.

(차) 재공품　　×××　　(대) 간접제조원가　　×××

(6) 제품의 완성

(차) 제 품　×××　　(대) 재공품　　×××

(7) 제품의 판매

(차) 매출채권(또는 현금)　×××　　(대) 매 출　×××

　　매출원가　　　　　　×××　　　　제 품　×××

제3절 제조원가 명세서

제조업을 영위하는 기업의 경우 손익계산서를 작성하기에 앞서 제조원가명세서를 작성하여야 한다. 이러한 제품제조와 관련된 원가 내역은 외부 의사결정자들에게 주된 재무제표의 부속명세서로 보고한다. 우리나라 기업회계기준에서 정하고 있는 재무제표의 부속명세서로서 제조원가명세서의 양식은 아래와 같다.

제조원가 명세서

(단위: 원)

과 목	당 기		전 기	
Ⅰ. 직접재료원가				
1. 기초재고액	×××		×××	
2. 당기매입액	×××		×××	
계				
3. 기말재고액	×××	×××	×××	
Ⅱ. 직접노무원가				
1. 급 여	×××		×××	
2. 퇴직급여	×××	×××	×××	
Ⅲ. 간접제조원가				
1. 전력비	×××		×××	
2. 가스수도비	×××		×××	
3. 운 임	×××		×××	
4. 감가상각비	×××		×××	
5. 수선비	×××		×××	
6. 소모품비	×××		×××	
7. 세금과 공과	×××		×××	
8. 임차료	×××		×××	
9. 보험료	×××		×××	
10. 복리후생비	×××		×××	
11. 여비교통비	×××		×××	
12. 통신비	×××		×××	
13. 특허권사용료	×××		×××	
14. ……	×××		×××	
15. 잡비	×××	×××	×××	
Ⅳ. 당기총제조원가		×××		
Ⅴ. 기초재공품재고액		×××		
Ⅵ. 합 계		×××		
Ⅶ. 기말재공품재고액		(×××)		
Ⅷ. 당기제품제조원가		×××		

제조원가명세서는 다음과 같은 한계가 있다.

첫째, 현재의 원가회계실무에서는 원가의 분류를 단순히 형태별 분류에 따라서 하고 있는 것이 아니라 제품과의 관련에 따른 분류나 기능별분류를 가미하고 있다. 특히 표준원가계산을 채택하고 있는 기업에서는 직접재료원가, 직접노무원가, 제조간접원가로 원가를 분류하는 것이 원칙이 되고 있다. 따라서 위의 양식은 현행의 기업실무와 유기적인 관련을 도모할 수 없다. 이러한 이유에서 우리나라 기업회계기준의 제조원가명세서에서도 기재상 주의할 점으로 개별원가계산을 채택하는 기업의 경우에는 당기총제조원가를 직접재료원가, 직접노무원가, 제조간접원가로 구분하여 기재하도록 하고 있고, 공정별 종합원가계산제도나 표준원가계산제도를 채택하는 경우에는 이에 적합한 내용으로 기재하도록 하고 있다.

둘째, 제조간접원가의 배부는 예정배부가 전제로 되어 있는 경우에는 제조원가명세서를 원가의 형태별 분류에 의한 항목으로 바꿔서 작성하는 데 문제점이 남는다.

셋째, 위의 양식에 의한 제조원가명세서는 손익분기분석 등에 필요한 자료를 얻을 수 없어서 분석에 전혀 도움이 되지 못한다.

♣ 요소별 원가계산의 기초

학 습 목 표

이 장을 공부한 뒤, 여러분은 다음 사항을 숙지하여야 한다.

1. 제조원가와 비제조원가 정의

2. 요소별 원가의 기본개념

3. 요소별 원가계산의 방법

제3장 요소별 원가계산의 기초

제1절 개 요

원가와 유사한 개념으로 손익계산상의 비용(expense)이라는 것이 있다. 비용은 특정기간의 수익을 실현하기 위하여 희생된 경제가치로서 경제적 자원의 희생이라는 점에서는 원가개념과 동일하다. 그러나 원가가 특정제품이나 용역을 생산하기 위하여 희생된 경제가치인 데 대해, 비용은 반드시 생산을 위하여 희생됨을 필요로 하지 않는 다는 점이 다르다. 따라서 손익계산상의 비용과 원가계산상의 원가 간에는 다음과 같은 관계가 있다.

손익계산상의 비용	중성비용 (비용이나 원가는 아닌 것)	목적비용 (비용인 동시에 원가인 것)	
원가계산상이 원가		기초원가 (원가인 동시에 비용인 것)	부가원가 (원가이나 비용은 아닌 것)

위 그림에서 보는 바와 같이 비용과 원가개념은 각기 그 주요부분을 구성하는 목적비용과 기초원가가 동일하여 이 점에서는 양자가 일치한다. 그러나 원가가 아닌 중성비용(예: 기부금 등 경영목적과 관련 없는 비용, 비정상공손 등 비정상적인 상태에서 발생하는 손실)이 있고, 또 비용이 아닌 부가원가(예: 개인기업에 있어서 기업주의 보수)가 있다는 점에서 원가와 비용은 일치하지 않는 것이다.

제2절 제조원가 및 비제조원가?

원가는 제조활동과의 관련성 여부를 기준으로 제조원가와 비제조원가로 분류되는데, 지금까지 원가회계의 일반적 절차와 방법은 제조원가를 중심으로 발전되어 왔다.

제조활동과 관련하여 발생되는 원가는 크게 직접재료원가, 직접노무원가, 제조간접원가로 세분 된다.

한편, 제품을 만드는 데 소비된 원가를 발생형태에 따라 분류하여 보면 재료비, 노무비, 경비의 세 가지 요소로 분류할 수 있다. 재료비·노무비·경비를 일반적으로 원가의 3요소라고 하며, 원가를 분류하는 기초가 된다.

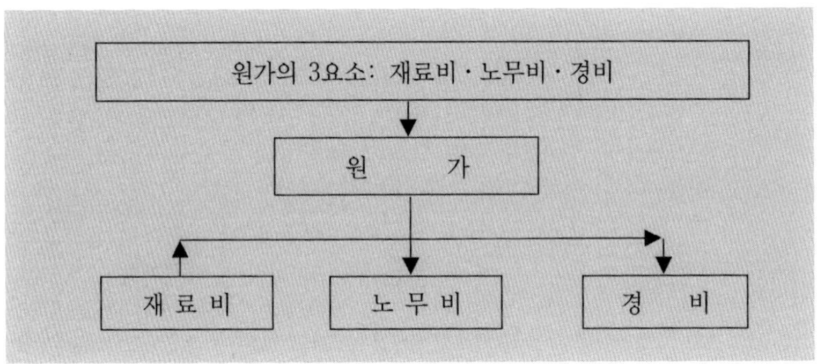

제3절 요소별 원가의 기본 개념

1. 직접재료원가(direct material costs)

직접재료원가란 제품을 생산하는 데 사용되는 재료 가운데 제품의 실체를 구성하는 주요 재료의 원가로서 특정제품에 추적할 수 있는 원가를 말한다. 이러한 직접재료원가의 예로서 가구제조업의 목재, 자동차제조업의 엔진에 대한 원가를 들 수 있다. 재료의 투입량은 제품의 생산량에 따라 직접적으로 변화하기 때문에 직접재료원가는 변동원가의 형태를 나타낸다. 한편, 가구를 생산하는 데 사용되는 아교나 못처럼 제품을 생산하는 데 필수적이기는 하지만 특정제품에 추적하기가 어려운 항목의 원가는 간접재료원가로 분류된다.

2. 직접노무원가(direct labor costs)

직접노무원가 중에서 특정제품에 대하여 추적할 수 있는 원가를 말한다. 기계운전공원이나 조립공원의 특정제품을 생산하는 데 소비한 시간을 기준으로 지급되는 임금이 그 에라고 할 수 있다. 작업시간인 작업량은 조업도에 따라 직접적으로 변화하기 때문에 직접노무원가도 직접재료원가와 같이 변동원가의 형태를 나타낸다. 한편, 재료취급자나 공장 수위 등의 임금은 특정제품에 추적하기가 불가능하거나 또는 비경제적이므로 간접노무원가가 된다.

3. 제조간접원가(indirect manufacturing costs, factory overhead)

제조간접원가란 직접재료원가와 직접노무원가를 제외한 모든 제조원가를 말한다. 제조간접원가는 간접재료원가, 간접노무원가 및 기타제조원가로 구성되는데, 원가행태에 따라 변동제조간접원가와 고정제조간접원가로 분류되기도 한다.

(1) 간접재료원가

윤활유, 세척제, 수선부품 등과 같이 제품의 일부분을 구성하는 것은 아니지만, 특정제품을 생산하는 데 반드시 필요한 재료의 소비액을 말한다.

(2) 간접노무원가

생산감독자, 관리인, 수선공 등과 같이 제품의 생산을 위해 직접 작업을 하지는 않지만 공장운영에 필요한 작업자에게 지급·소비된 원가를 말한다.

(3) 기타제조원가

공장건물이나 설비에 대한 감가상각비 및 보험료, 공장에서 보유하고 있는 자산에 대한 세금, 공장을 운영하기 위해 발생하는 전력비와 가스 수도비 등과 같은 항목들이 여기에 속한다.

제조원가에 속하는 세 가지 중에서 두 가지씩 짝지어 별도의 이름을 붙이는 경우가 있는데, 그것은 기본원가와 가공원가이다. 기본원가(prime costs)는 직접재료원가와 직접노무원가를 합한 것이다. 기본원가라는 용어를 사용한 것은 직접재료원가 및 직접노무원가와 제품 사이에는 직접적인 관련성이 있으며, 특정제품의 원가 발생액의 추적이 용이하기 때문이다. 그리고 제품의 제조과정은 직접재료를 가공하여 완성품으로 전환하는 과정이라고 볼 수 있으므로, 이 과정에서 발생하는 직접노무원가와 제조간접원가를 합하여 가공원가 또는 전환원가(conversion costs)라고 한다.

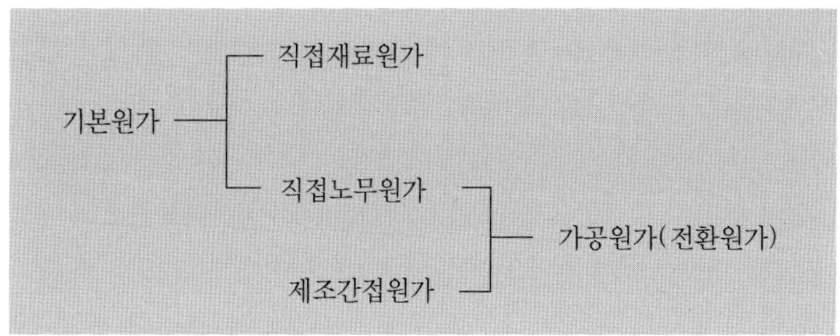

제4절 요소별 원가를 계산해보자.

1. 재료비란?

기업의 경영자들 중에는 재료와 재료비를 구분하지 못하는 경우가 허다하다. 특히 제조부문과 관련이 없는 부서의 경영자일수록 이러한 사례는 더욱더 많다.

재료는 제품을 제조하는 데 소비하기 위하여 외부로 구입한 것을 말한다. 이렇게 구입한 재료를 제품의 제조를 위해 생산과정에 투입될 때 이 재료의 금액을 재료비라는 원가로 바뀌게 된다.

한편, 재료비는 제품과의 관련성에 따라 구분한다면 재료가 어느 특정제품만을 위해 소비되어 그 제품의 원가로 직접 계산될 수 있는 직접재료비와 여러 제품을 만드는 데 공통으로 사용되어 특정한 제품에 내한 소비액을 직접 구할 수 없는 간접재료비로 나눌 수 있다.

그러면 좀 더 재료비에 관련된 이야기를 해보자. 재료비로 배분되어질 금액과 재료의 매입가격은 어떤 차이가 있을까?

재료비로 계산될 금액은 재료의 매입가격 매입과 관련된 부대비용을 포함한 금액이다. 다시 말해, 재료를 취득하여 사용가능한 상태(제조활동에 투입 가능한 상태)에 까지 들어간 모든 비용 중 실제 사용된 부분이 재료비로 계상된다. 그러므로 재료를 구입하여 창고까지 운반하는데 재료의 매입자가 부담하는 운반비, 매입수수료, 보험료, 검수비, 보관비 등은 재료의 구입원가에 포함되어야 한다.

재료의 취득원가＝매입가격＋매입부대비용(운반비 등)

다음은 재료의 소비량을 계산해 보자.

일반적으로 당기에 제조에 사용된 재료의 수량은 다음과 같은 방법으로 계산된다.

장부상에 기록되어 있는 기초재료수량에 당기에 매입된 재료수량을 가산한 뒤 월말 또는 연말 결산 시 장부상에 남아 있는 재료의 수량을 차감하면 당기에 소비(제조에 투입)된 재료의 수량을 계산할 수 있다.

당기재료소비량 = 기초재료수량 + 당기매입재료수량 − 기말재료수량

그래서 당기재료소비량에 단위당 원가를 곱하면 당기에 제품 제조에 사용된 재료비를 계산할 수 있다.

예를 들어, 甲(주)의 3월 초 재료원장의 재료 수량은 300개, 당기에 매입한 재료의 수량이 1,000개였다. 3월 한 달 동안 제품제조활동을 마친 후 3월 말에 재료원장상의 재료수량은 500개였다. 단, 기초·당기매입·기말재료의 단가는 100으로 동일하였다고 하자. 甲(주)의 3월 한 달 동안의 재료비원가를 계산하면 다음과 같다.

재료사용수량계산:

기초재료재고수량	*300개*
당기매입재료수량	*1,000개*
기말재료재고수량	*(500개)*
당기재료사용수량	*800개*

그러므로 3월 한 달 동안의 재료비로 계산될 금액은 ₩ 80,000(800개×100원)이다.

한편, 4월달로 이월되는 재료재고액은 ₩50,000(500개×100원)이다.

2. 노무비란?

지금까지 원가의 3요소 중 재료비에 대해서 알아보았다. 재료비와 함께 원가의 3요소 중 중요한 요소인 노무비에 대해서 알아본다.

노무비는 종업원이 제품 제조활동에 노동력을 제공한 대가로 지급받는 인건비나 기타 급여를 말한다. 노무비는 지급형태에 따라 임금, 급여, 잡급, 상여금 등으로 분류된다.

그러나 이러한 노무비가 모두 제품의 원가에 포함되어야 하는 것일까? 그렇지는 않다. 노무비에는 여러 가지가 있으나 그중에서 임금이 가장 큰 비중을 차지하므로 노무비를 정확히 계산하기 위해서는 임금을 정확히 계산하는 것이 중요하다. 여러 가시 형태로 지급되는 노무비를 모두 제품원가에 포함시켜서는 안 된다.

만약, 지난 한 달 동안 종업원에게 지급된 임금이 모두 1,000만 원이라고 하자. 이 중에서 900만 원은 제품제조활동에 종사한 종업원에게 지급된 임금이고, 나머지 100만 원은 판매, 관리, 감독 등 제품제조와 직접적으로 관련되지 않은 종업원에게 지급된 것이라면 이는 제품원가에 포함시켜서는 안 된다.

한편, 제품제조원가에 포함시킬 노무비는 실제(표준, 정상)노동시간에 시간당 임률을 곱하여 계산한다.

$$\boxed{\text{노무비(제품원가)} = \text{노동시간} \times \text{시간당 임률}}$$

다음은 평균임률의 개념을 살펴보자.

평균임률은 일정기간 동안 지급된 총임금을 일정기간 동안의 총노동시간으로 나누어서 계산한다. 특정제품을 생산하는데 아직 제품이 생산되지는 않았지만, 미래에 생산할 제품의 원가 중 노무비가 차지하는 비중을 살펴보기 위해서는 평균임률의 개념을 이해해야 한다.

$$(예정)평균임률 = \frac{일정기간의\ (예정)총지급임금}{일정기간의\ (예정)총노동시간}$$

미래에 생산될 제품을 제조하는데, 소요될 평균적인 노동시간을 예측할 수 있다면, 과거의 시간당 평균임률을 알고 있는 경우 실제 제품 생산에 발생되지 않은 노무비 예상액을 계산할 수 있을 것이다. 만약 예정평균임률을 사용한다면 예정노무비와 실제노무비의 차이가 발생할 수 있다. 이러한 차이는 결산 시에 일괄적으로 처리하면 되므로 큰 문제가 없어 실무에서는 이러한 예정평균임률을 사용하여 노무비를 계산하는 것이 일반적이다.

[사례]

조립부문의 3월 한 달 동안의 예정임금지급총액이 1,000만 원이고 예정총노동시간이 1,000시간이다. 실제 제품A와 제품B를 생산하는 데 각각 400시간과 600시간이 소요되었다면, 조립부문에서 각 제품에 부과해야할 직접노무비는 얼마인가?

위 사례의 경우에는 예정평균임률을 먼저 계산한 후 각각의 제품에 실제로 소비된 노동시간을 곱하여 노무비를 계산하면 된다.

예정평균임률=1,000만 원÷1,000시간=1만 원/시간
그러므로 제품A =400시간× 1만 원=400만 원
제품B =600시간× 1만 원=600만 원이 된다.

3. 경비란?

여기서는 원가의 3요소 중 나머지 한 요소인 경비가 무엇이며, 어떻게 계산되는지 알아보기로 한다.

일반적으로 원가회계에서 제조경비란 재료비와 노무비를 제외한 제품제조에 사용된 원가를 의미한다. 그러나 제품제조와 관련된 원가요소의 의미로 사용되는 제조경비는 일반적으로 알고 있는 경비와는 명확히 구분할 필요가 있다. 일반적인 경비는 제조부문에서 발생하는 제조경비와는 달리 총무부, 홍보 및 판촉부, 경리부, 판매부 등 관리부서에서 발생하는 경비를 말한다. 이러한 관리부서에서 발생되는 경비는 손익계산서의 판매비 및 관리비에 포함되지만, 제품제조 부서에서 제품제조와 관련하여 발생되는 제조경비는 제품제조 원가에 포함되었다가 해당 제품이 판매되는 경우에 매출원가에 포함되어 비용화 된다.

이러한 제조경비도 크게 직접경비와 간접경비로 구분된다.

직접경비란 특정제품을 제조하는 데 직접적으로 관련되어 발생되며, 특정제품원가라는 것이 추적가능한 경우를 말한다. 또한 특정부서와 관련하여 발생하는 경우도 특정부서의 입장에서는 직접경비가 된다.

한편, 간접경비란 특정제품을 제조하는 데 직접적으로 사용되었는지 여부가 불분명하거나 특정 부서에 직접적으로 부과할 수 없는 경비를 말한다. 이러한 경비에는 전력비, 수도광열비, 통신비, 보험료 등이 있다.

4. 제조간접비란?

제조간접비란 여러 제품을 개별적으로 생산하고 있는 경영에서 여러 종류의 제품제조를 위하여 공통적으로 소요되는 원가를 말한다.

개별원가계산에 있어서 원가는 제조직접비·제조간접비로 나누어진다. 제조직접비는 직접 그 제품에 계산할 수 있지만 두 종류 이상의 제품 제조를 위하여 공통적으로 발생한 제조간접비는 직접 제품의 원가에 계산할 수 없다.

그러므로 제조간접비는 월말에 이르러 그 원가계산기간의 전체 발생액을 집계하고, 그것을 적당한 배부기준에 의하여 여러 제품에 배부하는 계산을 하여야 한다.

제조간접비는 원가의 구성요소에 따른 분류와 조업도와의 관계에 의한 분류로 구분된다.

요소별 분류	조업도와의 관계에 의한 분류
- 간접재료비 - 간접노무비 - 간접경비	- 변동간접비 - 고정간접비 - 준고정비(준변동비)

5. 제조간접비의 배부기준

제조간접비를 여러 제품에 배부하는 경우에 그 배부기준은 여러 제품이 제조간접비로부터 받은 서비스에 따라 비례하여 제조간접비가 부담될 수 있어야 할 것이다.

그러므로 제조하고 있는 제품의 종류·제조방법·제조규모 등에 따라 달라진다.

일반적으로 채택되고 있는 배부기준으로 가액법·시간법·수량법·복합법이 있다.

(1) 가액법

가액법은 여러 제품이 부담하고 있는 직접원가의 금액을 배부기준으로 사용하는 것으로 직접재료비 또는 직접노무비, 그리고 직접재료비와 직접노무비를 합한 직접원가 총액을 기준으로 제조간접비배부율을 계산하여 각 제품에 제조간접비를 배부하는 방법을 말한다.

먼저 직접재료에 비례하여 제조간접비를 배부한다고 하면, 제조간접비배부율은 제조간접비총액을 직접재료비 총액으로 나누이 계산한다.

이를 산식으로 나타내면 다음과 같다.

$$\text{제조간접비배부율} = \frac{\text{제조간접비총액}}{\text{직접재료비총액}}$$

$$\text{제조간접비배부액} = \text{제조간접비배부율} \times \text{제품별 직접재료비}$$

이 방법은 직접재료비가 제조 원가의 대부분을 차지하거나 중요한 경우에 사용한다.

한편 제조간접비가 직접노무원가와 밀접한 관계를 갖고 발생한다면, 제조간접비의 배부에 직접노무원가에 따라 배부율을 계산할 수 있다. 이때 제조간접원가배부율은 제조간접비총액을 직접노무비총액으로 나누어 계산한다. 이를 산식으로 나타내면 다음과 같다.

$$\text{제조간접비배부율} = \frac{\text{제조간접비총액}}{\text{직접노무비총액}}$$

$$\text{제조간접비배부액} = \text{제조간접비배부율} \times \text{제품별 직접노무비}$$

이 방법은 직접노무비가 제조원가의 대부분을 차지할 정도로 중요한 경우거나, 종업원의 임률이 대체로 균일한 경우에 적용한다.

　　마지막으로 제조간접비를 직접원가(직접재료비＋직접노무비)에 따라 배부율을 계산하는 방법이다. 이는 소규모 경영에서 주로 활용되는 방법으로 직접재료비와 직접노무비의 합계가 제조간접비와 밀접한 관련을 갖고 발생하는 경우에 사용되는 방법이다.

　　이 방법에서 제조간접비배부율을 계산하는 산식은 다음과 같다.

$$\text{제조간접비배부율} = \frac{\text{제조간접비총액}}{\text{직접재료비총액} + \text{직접노무비총액}}$$

(2) 시간법

　　시간법은 감가상각비·조세공과·보험료·급여 등과 같이 제조간접비의 대부분이 시간과 밀접한 관계를 가지기 때문에 배부기준으로서는 가액보다 더 합리적이라고 할 수 있다. 시간적 기준으로는 직접노동시간법과 기계시간법의 두 가지 방법이 있다.

① 직접노동시간법

　　직접노동시간법은 각종 제품의 제조에 소비된 노동시간을 배부기준으로 하는 방법이다.

　　직접노동시간법은 제조간법비가 노동임금보다 노동시간에 비례하는 것이라는 이유에서 직접임금배부법보다 우월하다고 볼 수 있으며, 생산과정에서 인적 요소에 중점을 두는 수공업적인 중소기업의 규모에 적합하다고 할 수 있다.

$$\text{제조간접비배부율} = \frac{\text{제조간접비 총액}}{\text{직접노동시간 총액}}$$

$$\text{제조간접비배부액} = \text{제조간접비배부율} \times \text{제품별 직접노동시간}$$

② 기계시간법

여러 종류의 제품 제조를 위하여 사용된 기계의 운전시간을 배부기준으로 하는 방법이다. 기계작업을 주로 하고 있는 경영에 적합한 방법으로 대규모 기업에 합리적인 방법이다.

$$제조간접비배부율 = \frac{제조간접비\ 총액}{기계작업시간\ 총액}$$

$$제조간접비배부액 = 제조간접비배부율 \times 제품별\ 기계작업시간$$

제조에 사용되는 기계가 한 대라던가 또는 많더라도 거의 동일한 종류의 경우에는 계산절차가 간단하다는 점에서 적합한 방법이다.

종류·성능·가격 등에서 각각 다른 여러 종류의 기계가 있는 경우에는 각 기계에 획일적인 배부율을 적용하는 것은 불합리하다. 왜냐하면 기계는 그 종류·성능·가격 등에 따라서 다른 제조간접비가 발생하기 때문이다.

따라서 공평하게 제조간접비를 배부하기 위해서는 종류가 다른 기계마다 각각의 배부율을 채택하여야 한다. 즉, 여러 종류의 기계를 사용하고 있을 때는 기계의 종류마다 다음의 순서로 배부율을 정하는 것이 합리적인 배부계산을 가능하게 한다.

첫째, 기계의 종류마다 계산단위를 설정한다. 이를 생산중심점이라고 하며, 동일 종류의 기계들을 모아서 그것을 하나의 단위로 하는 것이다.

둘째, 일정기간에 발생한 제조간접비를 각 생산중심점에 집계한다. 이 경우 제조간접비를 구성하는 원가요소의 성질에 따라서 적당한 기준으로 각 생산중심점에 배부한다. 이때 적용되는 배부기준도 각 비목에 따라 다른데, 중요한 것을 열거하면 다음과 같다.

①	감가상각비·수선비·보험료 등으로 구성되는 건물비는 각 기계가 차지하는 면적
②	기계 자체의 감가상각비·화재보험료는 각 기계의 가격
③	기계의 수선비는 각 기계가 실제로 받은 수선의 원가
④	기계가 소비한 동력비는 각 기계의 마력시간수
⑤	기계의 소모품비·직공감독비 등은 각 기계의 운전시간수
⑥	간접공임금은 각 기계에 배치되어 일하고 있는 사원의 수

셋째, 각 기계가 부담한 제조간접비를 동 기간에 있어서의 순운전시간으로 나누어서 운전시간 한 시간당의 제조간접비 부담액을 산출한다. 이를 기계율이라 하며, 다른 방법에서의 제조간접비배부율에 해당한다.

각 기계마다 일정기간의 운전 시간수를 파악하기 위해 기계작업표를 매일 작성한다. 그리고 각 기계마다 어느 제품의 제조를 위하여 얼마의 기간 동안 기계를 운전하였는가를 기록한다.

이를 각 기계마다 집계하면 일정기간 내에 각종 제품의 제조를 위하여 운전된 시간수가 나온다.

넷째, 가 기계마다 기계율이 산출되면 이것을 각 제품의 제조를 위하여 운전된 시간수에 곱하여 각 제품의 제조간접비배부액을 산출한다.

이상과 같이 제조간접비는 각 제품에 배부되는데, 기계률 산출까지의 과정을 명백히 하기 위하여 기계비계산월보가 작성된다.

기계시간배부법은 기계작업을 주로 하고 있는 경우에는 가장 적합한 방법이지만, 기계공통비는 각 기계에 정확하게 배부하기 어렵고, 또한 기계의 작업과는 직접관계가 없는 간접비도 기계비로 취급하는 무리가 있다.

그러므로 기계의 작업과 관계가 있는 간접비로써 비교적 정확하게 계산할 수 있는 것만을 기계시간배부법에 의하여 계산하고, 다른 간접비는 다른 적당한 방법으로 배부계산하는 수도 있다.

⑶ 수량법

이 방법은 거의 사용되지 않는 방법으로, 가격과 시간 대신에 각종 제품의 수량·중량·면적·용적 등의 구량을 시용하여 제조간집비배부율을 계산하는 방법이다.

⑷ 복합법

가격법·시간법·수량법은 제조간접비배부율을 계산할 때 한 가지 기준에 따라 산정하는 방법인데, 실제로 제조간접비 발생과 관련이 있는 변수는 한 가지가 아니다. 그러므로 이런 여러 가지 배부기준을 병용하여 제조간접비배부율을 계산하는 방법이다. 이론적으로 볼 때 한 가지 제조간접비배부율을 적용하는 것보다는 관련 있는 여러 가지 배부기준에 따라 배부하는 것이 합리적이지만, 여러 배부기준을 적용함으로 인한 효익보다 비용이 더 크기 때문에 실질적으로 많이 사용되지 않는 방법이다.

♣ 원가배분

학 습 목 표

이 장을 공부한 뒤, 여러분은 다음 사항을 숙지하여야 한다.

1. 원가배분의 개념 및 목적

2. 원가배분의 기준 및 준거

3. 보조부문원가 배분의 계산

제4장 원가배분

제1절 원가배분의 개념

1. 원가배분의 의의 및 목적

원가배분이란 원가를 집계하여 일정한 배분기준에 따라 원가대상에 대응시키는 과정을 말한다. 원가배분은 직접원가·간접원가를 불문하고 발생한 원가를 원가대상에 대응시키는 것을 통칭하는 의미이다. 그러나 직접원가는 원가집적대상에 직접 부과하는 것으로 원가배분이 종료되므로 직접원가는 원가배분에서 중요한 위치를 차지하지 못한다.

원가배분의 중요한 대상은 간접원가 혹은 공통원가이다.

한편 공통원가란 둘 이상의 사용자들이 공유하는 시설을 운영하는데 소요되는 원가를 말한다. 즉, 공통원가는 둘 이상의 원가집적대상에 공통적으로 발생하는 원가이다.

다음은 원가배분의 목적을 살펴보자.

원가배분은 경제적 의사결정, 동기부여와 성과평가, 외부보고 재무제표 작성목적, 가격결정을 목적으로 한다.

재무제표작성목적의 원가배분 시에는 발생한 모든 원가를 배분하여야 한다. 그러나 성과평과나 의사결정목적으로는 원가의 일부가 배분되지 않는 경우가 발생한다. 원가배분에서도 상이한 목적에 상이한 원가가 적용되는 것이다. 이 장에서는 재무제표작성목적의 원가배분을 위주로 설명하며, 성과평가나 의사결정에 관련된 원가배분은 관리회계와 관련된 장에서 보기로 한다.

♠ 원가배분의 목적이란?

1. 경제적 의사결정
2. 동기부여와 성과평가
3. 외부보고 재무제표 작성목적
4. 가격결정

2. 원가의 배분과정

(1) 원가대상의 선정

원가대상은 원가집적대상과 원가배분대상으로 분류하여 선정한다.

(2) 원가의 집계

원가 집적대상에 원가를 집계한다.

(3) 배분기준의 선택

원가집적대상에 집적된 원가를 원가배분대상에 가장 잘 연결시켜 줄 수 있는 원가배분기준을 선택하여야 한다.

(4) 배분기준에 근거한 원가의 배분실시

공통부문비를 각 부문으로 각 제품에 배부된 원가를 제품으로 다시 배부하는 경우에 있어서 첫 번째 단계 공통부문비의 측면에서 볼 때 공통부문비가 원가집적대상, 각 부문이 원가배분대상이 되며, 두 번째 단계에서는 각 부문이 원가집적대상, 제품이 원가배분대상이 된다.

3. 원가배분기준의 선택에 관한 준거

(1) 인과관계기준

특정원가의 발생이 특정생산활동에 원인이 있는 것이면 원가와 특정활동과 인과관계가 있다고 하며 이 인과관계를 근거로 하여 원가를 배분하는 것이 인과관계기준이다. 인과관계기준은 원가배분을 가장 정확하게 할 수 있는 가장 이상적인 배부기준이기는 하나, 인과관계의 정확한 측정이 곤란하다는 한계가 있다.

(2) 부담능력기준

부담능력기준은 원가배분대상의 부담능력에 비례하여 원가를 배분하는 방법이다. 이 방법은 매출액 혹은 이익이 원가에 근거하여 결정되는 것인데도 불구하고 원가를 배분하는 기준으로 매출액 혹은 원가를 설정한다는 모순과 많은 성과를 달성한 부문에 많은 원가가 배분된다는 성과평가상의 문제점을 가지고 있다.

(3) 공정성 또는 공평성 기준

원가배분은 공정하고 공평해야 한다는 원가배분으로 달성하고자 하는 이상을 표현한 것이 공정성 또는 공평성기준이다. 이 공정성 또는 공평성기준은 너무 포괄적, 추상적인 개념이라 구체적인 배분기준으로 활용이 곤란하다.

(4) 수혜이득기준(수익자부담기준)

수혜이득기준은 공통원가로부터 받은 경제적 효익에 따라 원가를 배분하는 것을 말한다. 즉, 많은 이익을 얻은 자가 많은 원가를 부담한다는 것이 수혜이득기준의 기본적인 개념이다.

4. 제조부문과 보조부문

제조부문은 제품의 제조활동과 직접적으로 관련된 부문이며 각 제조부문의 명칭은 업종이나 업태에 따라 다양하다. 한편, 보조부문은 서비스 부문이라고도 하며, 직접 제품제조활동을 하지는 않지만 제조부문의 생산활동에 없어서는 안 되는 부문이다. 따라서 보조부문은 제조부문에 관련 용역을 제공하고 또한 다른 보조부문에도 그 용역의 일부를 제공함으로써 생산활동을 지원하는 역할을 한다. 그러므로 보조부문에서 발생한 원가도 제품제조와 간접적으로 관련된 간접원가의 일부로 적절한 방법을 통해 제품에 배부되어야 한다.

5. 원가배분의 여러 형태

(1) 제조간접원가의 배부

제조간접원가의 배부란 원가집적대상인 생산부문에서 발생 또는 집계된 제조간접원가를 원가배분대상인 각 제품에 배분하는 것을 말한다. 보조부문의 원가가 배분되면 각 제조부문의 제조간접원가를 구성하여 제조부문에서 발생한 제조간접원가와 합산하여 배부된다.

(2) 보조부문 원가의 배분

기업은 통상적으로 여러 개의 부문으로 구성되는데, 이 여러 개의 부문 중에는 직접적인 생산을 담당하는 제조부문과 제조부문을 보조해 주는 보조부문이 있다.

보조부문원가의 배분은 보조부문에서 발생한 원가를 각 제조부문으로 배분하는 것을 말한다. 보조부문에서 제조부문으로 배분된 원가는 각 제조부문에서 발생한 원가와 합쳐져서 각 제조부문의 제조간접원가를 구성, 제조간접원가의 배부를 통하여 각 제품에 연결된다.

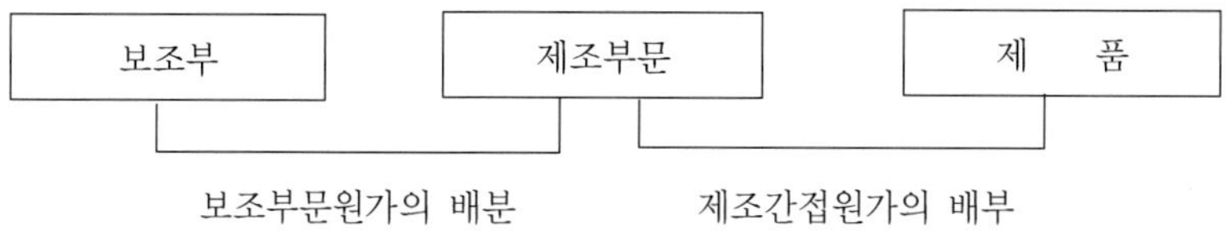

이렇게 보조부문의 원가를 배부하는 목적은 제품원가를 합리적으로 계산하기 위함이다. 제품은 제조부문을 통과하면서 가공, 완성되며 보조부문을 통과하지 않는다. 따라서 보조부문에 집계된 제조간접원가는 궁극적으로는 제조부문으로 집계되며, 제품은 그 제조부문에서 가공을 받은 정도에 따라서 그 제조부문원가를 부담하게 되는 것이다.

(3) 결합원가의 배분

결합원가는 결합제품의 생산에 소요된 원가를 말한다. 결합제품이란 하나의 공정을 통하여 동일한 재료를 투입하여 생산되는 여러 가지 제품을 의미한다. 따라서 결합원가의 배분은 결합원가를 각 결합제품에 배분하는 것을 말한다. 결합원가의 배분은 장을 바꿔서 살펴보기로 한다.

제2절 보조부문원가의 배분

1. 보조부문원가 배분의 의의

보조부문이란 직접 생산에 참여하지는 않지만 제조부분 또는 다른 보조부문에 용역을 제공함으로써 궁극적으로 제품의 생산활동에 참여하는 부문을 말한다. 즉, 보조부문도 제조를 위하여 필요한 것이며, 보조부문의 원가도 제품의 원가를 구성하여야 한다. 제품제조원가의 계산 시 보조부문에 집계된 원가를 제품에 배부하여야 하는데 보조부문과 제품 사이에 적절한 인과관계를 도출하기가 곤란하므로 보조부문의 원가는 인위적인 방법으로 제품에 배분하여야 한다는 데서 보조부문원가의 배부가 문제시 된다.

보조부문의 원가를 제품과 관련시키는 방법으로는 ① 보조부문원가를 제조부문으로 배부하여 제조부문의 제조간접원가와 합산하여 제품에 배부하는 방법, ② 보조부문과 제조부문을 포함하는 전체 제조간접원가를 일률적으로 제품에 배부하는 방법이 있다.

2. 보조부문 원가 배분의 목적

보조부문원가의 제조부문에의 배분목적은 다음과 같다.

(1) 부문상호간의 통제

제조부문에서 보조부문의 원가에 대하여 관심을 갖게 하여 원가통제에 이용한다.

(2) 제품원가의 계산

위에서 설명한 바와 같이 보조부문의 원가는 제품의 원가를 구성하므로 당연히 제품에 배부되어야 한다. 제품에 배부하는 전단계로서 각 제품부문에 배부하는 것이다.

3. 보조부문원가의 배부 방법

보조부문원가를 제조부문에 배부하는 경우에는 보조부문상호간의 용역수수관계를 인식하는 정도에 따라 직접배분법, 단계배분법, 상호배분법, 연속배분법으로 분류된다.

(1) 직접배분법

이 방법은 각 보조부문에서 발생한 원가를 제조부문에 직접배부하는 방법으로 보조부문 상호간의 용역수수관계는 완전히 무시된다.

계산이 간편하다는 장점이 있으나, 보조부문상호간의 용역수수관계를 고려하지 않아 정확한 원가배분을 하지 못한다.

보조부문상호간의 용역수수가 작을 경우에는 유용한 방법이나, 보조부문상호간의 용역수수관계가 큰 경우에는 사용하지 않는 것이 좋다.

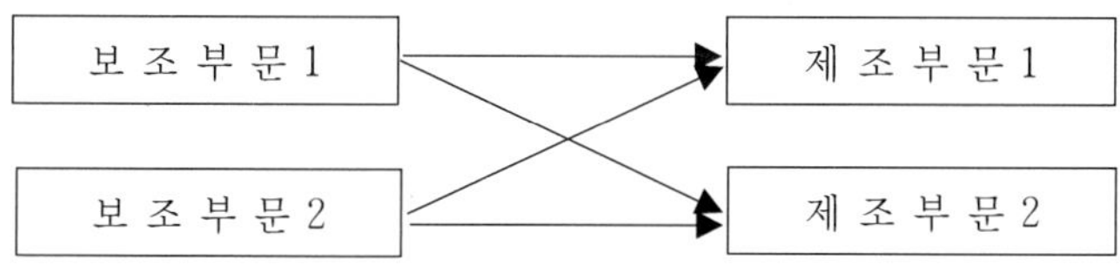

(2) 단계배분법

단계배분법은 보조부문 간에 원가배분의 우선순위를 정하여 우선순위가 높은 보조부문원가로부터 하위의 보조부문 및 제조부문에 배부하고 다음의 보조부문에서 그 다음 하위의 보조부문 및 제조부문에 단계적으로 배부하는 방법이다. 하위의 보조부문원가는 상위의 보조부문에 배부되지 못한다. 상호배분법보다는 간편하고 직접배분법에 비해서는 부문 간의 용역수수를 인식한다는 장점이 있으나 우선순위의 설정이 잘못될 경우 직접배분법보다 더 왜곡된 원가배분이 이루어질 수 있다.

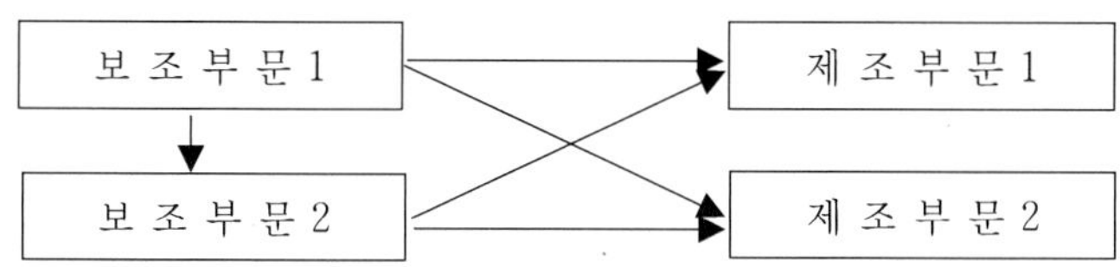

단계배분법의 경우 배부의 순위에 따라서 제조부문에 배부되는 원가

에 영향을 끼치게 되므로 그 순위의 결정이 중요하다. 단계법의 경우 배부순위의 결정은 통상적으로 ① 원가가 큰 것, ② 많은 보조부문에 용역을 제공하는 것의 순서로 결정한다.

(3) 상호배분법

각 보조부문원가를 제조부문과 다른 보조부문에 배분하는 방법으로 보조부문 간의 용역수수를 완전하게 인식하는 방법이다. 가장 완전한 원가배분방법이나 그 절차 및 계산이 복잡하다는 단점이 있다.

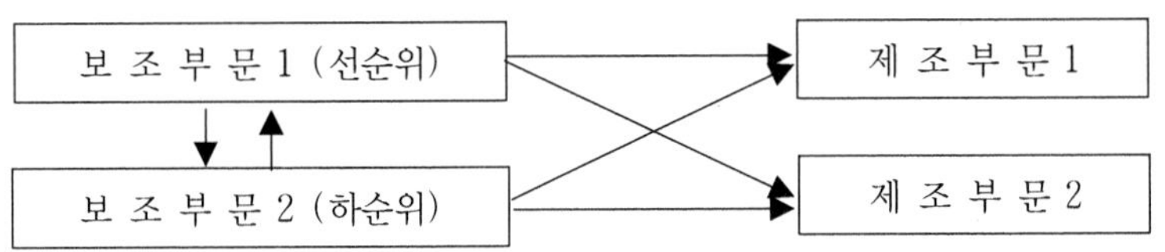

(4) 연속배분법

연속배분법은 상호배분법의 복잡성을 단순하게 해주면서 상호배분법과 같은 효과를 얻고자 하는 방법이다.

① 연속배분법은 단계배분법과 유사한 절차를 밟는다. 즉 선순위의 보조부문원가부터 하순위의 보조부문원가와 각 제조부문에 원가를 배분한다.
② 연속배분법은 하순위의 원가배분 시에는 선순위에도 원가를 배분한다는 것이 단계배분법과 다르다.
③ 선순위에 원가가 배분되면 선순위 보조부문의 잔존원가로서 남아있게 되는데 이 원가를 또다시 ①과 ②의 절차를 반복하여 보조부문에 남아있는 금액을 점차 줄여나간다.
④ 보조부문에 남아있는 금액이 충분히 감소되어 그 중요성이 없다

고 생각되면 배분을 중단한다.

[사례 1]

(주)중앙은 두 개의 보조부문인 동력부와 인사부, 두 개의 제조부문인 제품1라인과 제품2라인이 있다. 각 부문의 용역수수 관계와 발생원가는 다음과 같다.

제공 \ 사용	보조부문		제조부문		합 계
	동 력 부	인 사 부	제품 1라인	제품 2라인	
동 력 부	-	20%	50%	30%	100%
인 사 부	50%	-	10%	40%	100%
발생원가	₩200,000	₩100,000	₩300,000	₩400,000	₩1,000,000

위의 사례를 보고 직접배분법, 단계배분법, 상호배분법에 따라 보조부문의 원가를 각 제조부문에 배분하라.

[해답]

■ 직접배분법

	보조부문		제조부문		합 계
	동 력 부	인 사 부	제품 1라인	제품 2라인	
원가배분 전	₩200,000	₩100,000	₩300,000	₩400,000	₩1,000,000
동력부원가배분	(200,000)		125,000	75,000	0
인사부원가배분		(100,000)	20,000	80,000	0
원가배분 후	₩0	₩0	₩445,000	₩555,000	₩1,000,000

■ 단계배분법 – 동력부의 원가부터 배분할 경우

	보 조 부 문		제 조 부 문		합 계
	동 력 부	인 사 부	제품 1라인	제품 2라인	
원가배분 전	₩200,000	₩100,000	₩300,000	₩400,000	₩1,000,000
동력부원가배분	(200,000)	40,000	100,000	60,000	0
인사부원가배분		(140,000)	28,000	112,000	0
원가배분 후	₩0	₩0	₩428,000	₩572,000	₩1,000,000

■ 단계배분법 – 인사부의 원가부터 배분할 경우

	보 조 부 문		제 조 부 문		합 계
	동 력 부	인 사 부	제품 1라인	제품 2라인	
원가배분 전	₩200,000	₩100,000	₩300,000	₩400,000	₩1,000,000
인사부원가배분	50,000	(100,000)	10,000	40,000	0
동력부원가배분	(250,000)		156,250	93,750	0
원가배분 후	₩0	₩0	₩466,250	₩533,750	₩1,000,000

■ 상호배분법

동력부원가 = ₩200,000 + 0.5×인사부원가 ······①

인사부원가 = ₩100,000 + 0.2×동력부원가 ······②

제품1라인원가 = ₩300,000 + 0.5×동력부원가 + 0.1×인사부원가 ······③

제품2라인원가 = ₩400,000 + 0.3×동력부원가 + 0.4×인사부원가 ······④

위의 방정식을 풀면, ①과 ②에서

동력부의 원가 = ₩277,778

인사부의 원가 = ₩155,556

보조부문의 새로운 원가를 식 ③과 ④에 대입하면

제품1라인의 원가＝₩454,445

제품2라인의 원가＝₩545,555

[사례 2]

다음은 (주)EIP의 보조부문원가의 배분에 관련된 자료이다.

사용 제공	보조부문		제조부문		합계
	전 산 부 문	인 사 부 문	제조 1	제조 2	
전산부문 인사부문	- 10명	200시간 -	300시간 50명	500시간 40명	1,000시간 100명
발생원가	₩500,000	₩900,000	₩300,000	₩400,000	₩2,100,000

(주)EIP는 보조부무의 원가를 제조부문에 배분 시 연속배분법을 적용한다. 연속배분법을 적용하여 보조부문인 전산부문과 인사부문의 원가를 제조부문에 배분하라.

[해답]

		보조부문		제조부문		합 계
		동 력 부	인 사 부	제품 1라인	제품 2라인	
자부문원가		₩500,000	₩900,000	₩300,000	₩400,000	₩2,100,000
1 단 계	전산부문	(500,000)	100,000	150,000	250,000	0
	인사부문	100,000	(1,000,000)	500,000	400,000	0
	계	₩100,000	₩0	₩950,000	₩1,050,000	₩2,100,000
2 단 계	전산부문	(100,000)	20,000	30,000	50,000	0
	인사부문	2,000	(20,000)	10,000	8,000	0
	계	₩2,000	₩0	₩990,000	₩1,108,000	₩2,100,000
3 단 계	전산부문	(2,000)	400	600	1,000	0
	인사부문	40	(400)	200	160	0
	계	₩40	₩0	₩990,800	₩1,109,160	₩2,100,000
직저배분(전산)		(40)	0	15	25	0
총 계		₩0	₩0	₩990,815	₩1,109,185	₩2,100,000

♣ 활동기준원가계산(ABC)

학 습 목 표

이 장을 공부한 뒤, 여러분은 다음 사항을 숙지하여야 한다.

1. 활동기준원가계산의 정의

2. 활동기준원가계산의 필요성 및 장·단점

3. 활동기준원가계산의 계산절차

4. 활동기준원가계산의 주요 원가동인

제5장 활동기준원가계산(Activity Based Costing)

제1절 활동기준원가계산

1. 활동기준원가계산의 개요

ABC는 작업활동에 따른 원가의 발생을 집계하고(대부분의 경우 제조간접비, 간혹 직접노무비도 포함) 활동별로 배분기준을 설정한 후, 각 활동의 원가를 활동별의 배분기준에 따라 제품에 배분하는 원가계산방법이다. 즉, ABC는 통상적으로 제조간접원가배부의 한 형태로 인식되는 것으로서 보다 더 정확한 원가계산을 위해서 개발된 것이다.

과거의 제조환경에서는 주로 노동력에 의존하여 제품이 가공되었기 때문에 직접노무비가 총제조원가에서 차지하는 비중이 컸고 제조간접비의 비중은 상대적으로 적었으며 생산하는 제품의 종류도 적은 소품종 대량생산체제였다. 이러한 제조환경에서 경영자의 관심은 개별제품의 수익성이 아닌 기업 전체의 수익성에 있었다. 따라서 개별 제품의 원가계산은 관리회계적인 관점에서는 중요한 의미를 가지지 않았으며 주로 외부공표용 재무재표를 작성함에 있어서 제품, 재공품 등의 재고자산을 평가하는 것이 주요한 목적이었다. 이와 같은 상황에서 제조간접비를 생산량이나 사용량과 관련된 공장전체 또는 부문별 배부기준으로 간단하게 개별제품에 배부하는 개별원가계산과 같은 원가계산방법이 사용되었다.

그런데 최근에 와서는 경쟁이 치열해지면서 제품의 수도 많아지고 한 제품의 수명도 짧아지는 상황이 되었다. 이런 경제환경 때문에 대부분의 기업이 소비자들의 다양한 욕구를 충족시키기 위하여 다양한 제품을 조금씩 생산하는 다품종 소량생산체제로 변화되었으며, 제품의 종류가 다양해지면서 경영자 입장에서는 개별제품들의 정확한 원가를 계산하여 수익성을 판단하는 것이 중요해졌다. 왜냐하면, 개별제품의 원가를 정확하게 계산하여 수익성이 좋은 제품과 수익성이 없는 제품을 구분하고 기업의 역량을 수익성이 좋은 제품에 집중하여야만 하기 때문이다. 또한 생산시스템의 자동화로 인하여 총제조원가에서 직접노무비가 차지하는 비중이 상대적으로 낮아지고, 제조간접비의 비중이 증가하고 있다. 이렇게 개별제품의 원가를 계산함에 있어, 상대적으로 비중이 커진 제조간접비를 그 발생과 관련성이 높은 제품에 배부하여 정확한 제품원가를 계산하는 것이 어느 때보다도 중요해졌고, 이러한 경영환경의 변화에 따라 제조간접비를 보다 정확하게 제품에 배부하는 방법으로 최근에 관심이 집중되고 있는 방법이 활동기준원가계산 (ABC)방법이다.

ABC에서의 제품원가는 직접원가에 제품이 거친 각 작업활동들의 원가를 가산하여 계산한다.

2. 전통적인 원가계산제도의 한계

전통적 원가시스템은 조업도를 기준으로 한 원가계산으로 이는 그 과정에 있어서 활동을 중요시하지 않고 제품에 초점을 맞춘다. 각 제품이 자원을 바로 소비한다고 가정하고 있기 때문에 원가는 제품별로 추적되며, 따라서 전통적인 원가배분기준으로 직접노무시간, 기계작업시간, 재료소비량 등과 같은 조업도 관련 배부기준이 사용된다.

원가행태를 보면 사실 생산량, 작업시간 등과 같은 조업도가 커질수록 원가가 많이 발생한다. 그러나 원가를 발생시키는 요인을 좀 더 자세히 살펴보면, 주문활동, 수선유지활동 등과 같이 조업도와 관련 없는 활동으로 인해 원가가 발생하는 경우가 많다는 것을 알 수 있다. 이러한 경우에도 당해 원가를 조업도와 관련된 배부기준에 따라 배부하면 결과적으로 원가를 왜곡하는 결과를 초래한다.

제2절 활동기준원가계산의 필요성

(1) 제품의 원가배분을 각 제품이 거쳐 간 작업활동을 기준으로 수행하므로 정확한 원가계산이 가능하다.
(2) 각 활동별로 원가를 집계, 관리하므로 효율적인 원가관리가 이루어질 수 있다.
(3) 제품별로 상이한 작업활동을 거쳐야 할 때 원가계산이 용이하다.

제3절 활동기준원가계산의 장·단점

활동기준원가계산을 적용하면 전통적 방법보다 더 정확한 제품원가계산이 가능하며, 이는 곧 경영진의 합리적인 의사결정과정으로 이어진다.

먼저 활동원가계산의 장점을 살펴보면, 활동별로 원가를 관리함으로써 상대적으로 많은 자원을 소비하는 활동들을 줄이거나 불필요한 활동을 제거함으로써 효율적인 원가관리가 가능하다. 그리고 원가 특히 제조간접원가를 각 활동별로 원가 발생의 인과관계를 추적하여 배분하기 때문에 전통적인 원가배분방식보다 정확한 원가계산이 가능하다.

또한 성과평가방법이 개선된다. 즉, 기존에는 주로 이익이나 원가 등의 재무적 측정치로 성과를 평가한 반면에 활동원가계산은 작업준비횟수, 품질검사횟수 등의 비재무적인 측정치로 성과를 평가함으로 현장관리 자가 받아들이기가 쉽다.

한편, ABC의 결정적인 단점이라면 무엇보다도 비용이 많이 소요된다는 데 있다. ABC가 어느 정도 효과를 내기 위해서는 작업을 여러 가지 활동으로 분할하여 각 활동마다 원가를 집계하여야 하는데, 각각의 활동별로 원가를 집계하여야 한다는 문제, 어떤 활동에 어떤 작업이 통과하였는지를 전부 추적해야 하는 문제 등이 그 단점으로 지적된다.

제4절 활동기준원가계산 절차

1. 활동의 파악

원가의 집계를 할 활동을 파악한다. 활동의 파악은 원가중심점을 설정하는 작업이므로 비용-효익분석에 의하여 적절한 수를 정하여야 한다. 수가 너무 많으면 비용이 많이 소모되고, 너무 적으면 ABC의 효익을 볼 수 없다.

2. 활동별 원가집계

발생한 원가를 각 활동별로 집계한다.

3. 활동별배분기준 선정

각 활동을 잘 나타내주는 배부기준을 선정한다. 운반이라는 활동에 대해서는 제품의 크기, 무게 또는 수량, 이들의 복합치가 될 수 있을 테고, 창고에 보관하는 용역에 대해서는 부피나 수량이 될 수 있을 것이다. 또한 검사라는 활동에 대해서는 검사한 수가 될 것이다.

4. 활동을 거쳐 간 제품별로 배부

활동을 거쳐 간 제품에 활동별배분기준에 맞추어서 원가를 배분한다. 각 활동중심점별로 원가가 집계되고 나면 집계된 원가총액을 각 활동중심점과 관련된 원가동인의 수량으로 나누어서 활동중심점별 제조간접비배부율을 계산한다.

$$\text{활동중심점별 제조간접비배부율} = \frac{\text{각 활동중심점별 원가총액}}{\text{활동중심점의 원가동인 총수}}$$

제조간접비배부율이 계산되고 나면 개별제품을 생산하기 위하여 사용된 원가동인의 수에 활동중심점별 제조간접비배부율을 곱하여 각 제품에 제조간접비를 배부한다. 이 과정을 산식으로 나타내면 다음과 같다.

$$\text{개별제품에 배부된 제조간접비} = \text{활동중심점별 제조간접비배부율} \times \text{사용된 원가동인의 수}$$

제5절 활동과 원가동인

각 활동별로 집계된 원가를 제품에 배부할 배부기준이 원가동인(cost drivers)이다. 각 활동별 원가동인은 활동의 소비와 높은 상관관계를 가지고 그 측정이 용이한 것으로 결정한다.

1. 활 동

활동기준원가계산에서는 활동을 그 계층적인 수준에 따라 설비유지활동, 제품유지활동, 뱃치관련활동, 단위수준활동으로 분류하여 파악한다.

(1) 설비유지활동(facility sustaining activity)

설비유지활동은 생산설비와 관련한 활동으로서 주로 공장관리원가, 인력관리원가 등의 관리적 성격의 원가를 발생시킨다. 공장건물과 관련하여 세금, 보수, 안전, 조경 등도 설비유지활동에 포함된다. 설비유지활동은 공장세서 제품을 생산할 수 있게 하는 데는 필요하지만, 개별제품의 생산량이나 제품믹스와는 관련이 없다. 이러한 활동은 생산되는 모든 제품에 혜택을 주기 때문에 설비유지활동 원가는 그 설비에서 생산되는 모든 제품에 대하여 공통원가로 고려되어야 한다.

(2) 제품유지활동(product sustaining activity)

제품유지활동은 특정제품이 생산되고 판매될 수 있도록 수행하는 활동이다. 따라서 제품의 종류가 많아질수록 제품유지활동의 양도 많아진다. 예를 들면, 개별제품에 대한 기술변경통지, 공정계획 및 검사, 제품개량 등의 활동은 제품유지활동에 속한다. 이러한 활동의 원가는 개별제품에 대해서는 추적가능하지만 얼마나 많은 양 또는 뱃치를 생산하였는가와는 관계없이 발생한다. 따라서 소품종 생산조직보다 다품종 생산조직에서 이 활동은 더 많이 요구되어 관련 자원이 더 많이 사용된다.

(3) 뱃치관련활동(batch related activity)

뱃치관련활동은 작업준비 등과 같이 뱃치생산이 이루어질 때마다 수행되는 활동이다. 예컨대, 만일 특정제품의 생산을 위하여 기계를 교체하여야 한다면 그때마다 작업준비활동이 필요하다. 따라서 뱃치의 수가 늘어날수록 작업준비활동은 더 많이 필요하게 된다. 이와 같이 뱃치관련활동에 속하는 작업준비활동을 위한 자원의 소비는 뱃치의 수에 비례하여 발생하지만, 생산량에는 비례하지 않는다. 또한 뱃치별로 재료소요량을 구매한다면 구매처리원가가, 뱃치별로 생산일정계획을 짜고 검사를 수행한다면 생산일정계획 및 검사와 관련된 원가들이 모두 뱃치관련원가로 파악될 수 있다.

(4) 단위수준활동(unit level activity)

단위수준활동은 생산량에 비례해서 발생하는 활동들을 말한다. 예를 들면, 제품의 생산량을 10% 증가시키면, 생산량에 비례하여 10% 증가하는 재료원가, 노무원가, 동력비, 기계시간 등과 관련된 활동이 이에 속한다. 따라서 이 활동으로 인한 원가는 직접원가로 파악되어 바로 해당 제품에 부과될 수 있다.

2. 원가동인

활동기준원가계산에서 중요한 것은 원가동인(cost drive)이다. 이러한 원가동인을 선정할 때는 먼저, 선정하고자 하는 원가동인이 회사의 다양한 제품생산을 위한 실제활동의 소비량을 정확히 측정할 수 있어야 하고, 선정하고자 하는 원가동인과 관련된 자료를 수집하기가 용이해야 한다. 만약 특정원가 동인과 관련된 세부적인 정보를 구하기 어려운 경우 정확한 원가계산을 행할 수 없기 때문이다.

대표적인 각 활동과 상관관계사 높은 원가동인의 예는 다음과 같다.

활동(작업)	원가농인의 예
절단작업	기계시간
조립작업	직접노동시간
도장작업	기계시간
품질조사작업	완성된 제품의 수
주문활동	구매주문횟수
작업준비작업	작업준비횟수 또는 시간
선적활동	선적횟수
제품설계작업	제품설계시간
제품시운전작업	제품시운전횟수 또는 시간
공장관리활동	기계시간 또는 노동시간
공장인사활동	인원수

제6절 활동기준원가계산의 사례

(주)중앙은 개별원가계산제도를 채택하고 있는 제조업체이다. 당사는 최근 기업경쟁이 심화되는 것과 관련하여 생산관리를 강화할 목적으로 직접노동시간을 이용하던 제조간접원가의 배부를 활동기준원가계

산(ABC)이라는 제도를 도입할 것을 고려중이다.

(주)중앙은 당년도 제조간접원가에 관련된 정보는 다음과 같다.

작업활동	예정원가	배부기준
창고보관 및 이동	₩6,000,000	부품의 수
생산계획	₩3,000,000	생산계획수
절　삭	₩10,000,000	기계시간
조　립	₩9,000,000	조립작업수
도　색	₩6,000,000	제품의 수
포　장	₩4,000,000	제품의 수
계	₩38,000,000	

(주)중앙의 당년도 생산예측에 관련된 자료는 다음과 같다.

	甲제품	乙제품	丙제품
생산수량	3,000개	2,000개	1,000개
부품수	4개	5개	8개
기계시간	1시간	2시간	3시간
생산계획	30회	5회	15회
조립작업	9,000회	8,000회	7,000회

당기중의 총직접노동시간은 16,000시간으로 예측된다.

[물음]

1. 제조간접원가배부기준을 직접노동시간으로 할 때 예정배부율을 계산하라.

$$\text{₩}38,000,000/16,000\text{시간}=\text{₩}2.375/\text{DLH}$$

2. 활동기준원가계산에 의한 제조간접원가예정배부율을 계산하라.

작업활동	예정원가	배부기준	배부기준수량	배부액/수량
창고보관 및 이동	₩6,000,000	부품의 수	30,000개	₩200
생산계획	₩3,000,000	생산계획수	50회	₩60,000
절 삭	₩10,000,000	기계시간	10,000시간	₩1,000
조 립	₩9,000,000	조립작업수	24,000회	₩375
도 색	₩6,000,000	제품의 수	6,000개	₩1,000
포 장	₩4,000,000	제품의 수	6,000개	₩667
계	₩38,000,000			

3. 다음은 당기 중 수행한 작업 중의 일부이다. 위 1과 2에 의할 때 배부되는 제조간접원가를 계산하라.

	甲-1	乙-1
생 산 수 량	300개	500개
생 산 계 획	1회	2회
조 립 작 업	900회	2,000회
직접노동시간	900시간	1,000시간

① 직접노동시간기준

甲-1: $900\text{DLH}\times\text{₩}2.375/\text{DLH}=\text{₩}2,137,500$

乙-1: $1,000\text{DLH}\times\text{₩}2.375/\text{DLH}=\text{₩}2,375,000$

② 활동원가계산(ABC)

작업활동	배부기준	배부액/수량	甲-1	300개	乙-1	500개
창고보관 및 이동	부품의 수	₩200	1,200개	₩240,000	2,500개	₩500,000
생산계획	생산계획수	₩60,000	1회	₩60,000	2회	₩120,000
절　삭	기계시간	₩1,000	300시간	₩300,000	1,000시간	₩1,000,000
조　립	조립작업수	₩375	900회	₩337,500	2,000회	₩750,000
도　색	제품의 수	₩1,000	300개	₩300,000	500개	₩500,000
포　장	제품의 수	₩667	300개	₩200,000	500개	₩333,500
계				₩1,437,500		₩3,203,500

♣ 개별원가계산

학 습 목 표

이 장을 공부한 뒤, 여러분은 다음 사항을 숙지하여야 한다.

1. 개별원가계산의 개요 및 원가집계표

2. 개별원가계산하의 원가흐름

3. 공장전체 제조간접비배부율과 부문별 제조간접비배부율

4. 보조부문원가와 제조간접비 배부

5. 개별원가계산하의 공손품 회계처리

제6장 개별원가계산

제1절 개별원가계산의 개요

제품원가계산의 중요한 기능은 제품이나 서비스 원가를 계산하는 것이다. 정확한 원가계산은 외부보고를 위한 재고자산평가와 매출원가계산을 하는 데 도움을 주며, 가격결정, 특별주문 수락여부결정 등과 같은 특수의사결정, 성과평가 등에 유용한 정보를 제공한다. 제품원가계산은 각 기업이 수행하는 생산활동의 성격에 따라 개별원가계산(job-order costing)과 종합원가계산(process costing)으로 나누어지는데 본 장에서는 다품종 소량으로 주문생산하는 업체에서 사용하는 개별원가계산에 대해 살펴보고자 한다.

개별원가계산이란 제품 또는 용역단위별로 제조되는 제품수량과 형태에 관한 제조지시서에 기입된 것을 근간으로 제조지시서별로 개별적으로 원가를 집계하여 계산하는 방법이다. 이 원가계산방법은 다품종 소량생산의 경우에 주로 사용되는 방법이며, 제품에 따라 개별적으로 원가추적이 가능한 경우에 사용 가능한 방법이다. 그래서 이 계산방법은 주문생산이나 반복적이지 않은 제품의 생산방식에 적용된다.

예를 들어, 선박을 제조하는 조선업의 경우 제조되는 각각의 선박에 대해 원가계산을 한다. 선박은 고객의 주문에 따라 다양하며, 또한 사용되는 재료의 원가 또한 다양하다. 따라서 다양한 주문에 의해 제조된 선박의 원가를 총수량으로 나누어 단위당 제조원가를 계산하면 선박의 실질적인 제조원가가 잘못 계산될 가능성이 있다. 그러므로 이런 경우에는 제조지시서에 따른 개별 선박마다 발생되는 원가를 집적하고, 개별 선박마다 배분하여 제조원가를 계산하는 것이 보다 정확한 원가계산이 가능하게 된다.

개별원가계산(job-costing)은 제품이나 서비스의 개별단위나 일괄처리 묶음(batch 또는 lot)에 대하여 원가를 배분한다. 작업은 개별 제품이나 서비스를 시장에 내놓을 때까지 자원을 소비하는 활동이다. 개별원가계산에서의 개별작업으로서 제품이나 서비스는 회계법인에 의한 감사와 같이 주문에 의한 경우가 많다.

즉, 제품의 종류나 규격이 다양한 개별적인 생산형태의 기업에 적용되는 원가계산방법으로서 제품원가를 개별작업별로 구분·집계하여 계산한다. 따라서 개별원가계산은 조선업, 건설업, 기계제조업 등과 같이 고객의 주문에 기초하여 고객의 요구에 따라 개별적으로 제품을 생산하는 업종에 적합하다.

개별원가계산을 사용하는 이러한 업종의 기업들은 보통 제품마다 그 양식이나 규격, 품질 등이 다르며, 생산량도 다르기 때문에 제품원가를 개별작업별로 구분·집계하여 계산한다. 예를 들어, 어선, 화물선, 군함을 각 1척씩 수주 받은 조선업에서는 각각의 배가 하나의 작업이 되고, 똑같은 선반 10대를 주문 받은 기계제조업에서는 10대의 선반이 하나의 작업이 되어 개별작업별로 제품원가를 계산하는 것이다.

여기서 주의할 것은 개별원가계산은 개별작업별로 원가계산이 이루어지기 때문에 직접재료비와 직접노무비와 같은 기본원가와 제조간접비의 구분이 매우 중요하다는 것이다. 제조간접비는 개별작업에 관련하여 직접적으로 추적할 수 있는 제조원가이기 때문에 발생된 원가를 그대로 배부하면 되지만, 제조간접비는 특정제품이나 작업과 관련하여 직접적으로 추적할 수 없는 제조원가이기 때문에 이를 기말의 원가계산 시 적정한 기준으로 배부하게 된다.

제2절 작업원가표

　개별원가계산제도의 기본적인 요소는 개별작업에 대한 원가를 기록·
집계하기 위하여 사용되는 작업원가표(job-cost sheet)이다. 일반적으로
고객이 특정제품을 주문하면 제조부문은 주문 받은 제품을 제조하기 위하
여 제조지시서(production order)를 작성하여 생산현장에 작업을 지시하
게 되고, 제조지시서에 의하여 작업이 수행되면 각 개별작업별로 원가를
기록·집계하기 위하여 작업원가표가 작성된다. 개별원가계산제도하에서
는 이러한 각각의 작업원가표에 기초하여 원가계산이 이루어지기 때문에
작업원가표는 개별원가계산제도의 기본적인 요소가 되는 것이다.

〈작업원가표〉

작업번호　　　　#101
품　목　　　　甲제품　　　　생 산 량　　　1000개
시작일　　　2001. 1. 5.　　　완 성 일　　　2001. 4. 5.

일　자	직접재료비		직접노무비		제조간접비	합　계
	수　량	금　액	작업시간	금　액		
2001. 1. 3						
2001. 1. 29						
2001. 2. 25						
2001. 3. 8						
……						
……						

합　　계

작업원가표에 기록되는 제조원가 중 직접재료비와 직접노무비는 개별작업과 인과관계에 따라 대응시킬 수 있기 때문에 발생시점에서 작업원가표에 기록되지만, 제조간접비는 개별작업과 인과관계에 따라 대응시킬 수 없기 때문에 기말에 적정한 기준에 의해 배부된 금액을 기록한다.

〈개별원가계산의 흐름〉

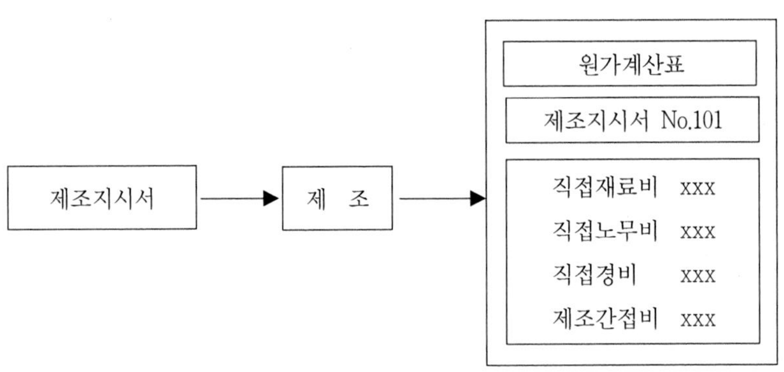

위의 흐름도에서 제조지시서에 기재되는 원가는 크게 직접비와 간접비로 구분된다. 각 제품별 제조부문의 원가인 직접비는 개별 제품별로 제조지시서에 직접 부과하면 되지만, 보조부문의 원가나 공통비 등 간접비는 일정한 기준을 세워 각 제조지시서에 배부하여 제품의 원가를 계산한다.

여기서 보조부문의 원가나 공통비 등의 간접비 배부와 관련된 회계처리는 다음 장에서 살펴보기로 한다.

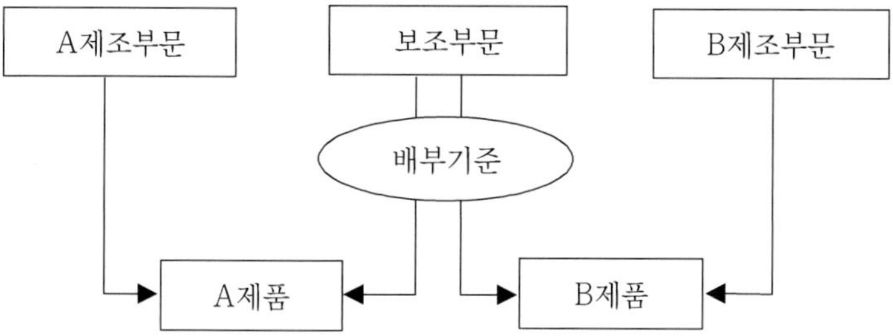

A제조부문 보조부문 B제조부문

배부기준

A제품 B제품

위의 그림에서 보면, A제조부문에서 발생한 원가는 A제품을 생산하기 위해 직접적으로 발생한 원가이므로 개별원가계산에서 A제품에 직접적으로 배부하면 된다. 만찬가지로 B제조부문의 원가도 B제품에 직접적으로 배부하면 된다. 그러나 보조부문의 원가는 A제품뿐만 아니라 B제품을 생산하는 데도 간접적으로 기여한 원가이므로 합리적인 배부기준을 정하여 각 제품에 배부하여야 함을 보여주고 있다.

제3절 제조원가의 집계

1. 직접재료비(direct material cost)

제품생산을 위해 가장 중요한 요소가 재료이다. 제조부문에서 재료가 필요하면, 자재부에 재료를 청구하게 되고 이렇게 출고된 재료는 제조과정에 투입됨으로써 생산이 시작된다. 개별원가계산방법에서 개별제품이나 개별작업에 직접적으로 사용되었음이 추적되는 재료는 재공품계정과 작원원가표에 집계되며, 직접적으로 추적이 불가능한 재료는 제조간접비계정에 집계된다.

2. 직접노무비(direct labor cost)

재료비와 함께 기본원가를 구성하는 가장 중요한 요소 중의 하나는 노무비다. 노무비는 제조과정에 투입된 노동자들의 작업시간표와 임률에 의해 측정되고 집계된다. 노무비도 재료비와 마찬가지로 개별제품이나 개별작업에 직접적으로 추적가능한 노무비는 재공품계정과 작업원가표에 집계되며, 추적이 불가능한 노무비는 제조간접비계정에 집계된다.

3. 제조간접비(overhead cost)

제조간접비는 위의 재료비나 노무비 중 특정제품이나 작업에 직접적으로 추적이 불가능한 부분인 간접재료비나 간접노무비를 비롯하여 공장감독자의 급여, 재세공과금, 감가상각비 등이 포함된다. 이러한 원가는 특정작업이나 제품에 직접 부과하는 것이 불가능할 뿐만 아니라 가능하다하더라도 그 효익이 비용을 능가하지 못하는 부분이므로 이를 제조간접비계정에 일괄 집계하여 일정한 배부기준에 의해 제품에 부과하게 된다.

이러한 제조간접비를 배부하는 기준은 여러 가지 방법이 존재할 수 있지만, 대개 다음의 두 가지 원칙하에 정해져야 한다.

첫째, 제조간접비의 발생과 높은 상관관계가 있어야 한다.
둘째, 논리적으로 타당한 인과관계와 함께 적용이 쉬워야 한다.

주로 많이 사용되는 배부기준에는 노동집약적 산업의 경우 직접노동시간이나, 직접노무비에 비례하여 제조간접비를 배부하고, 자본이나 시설집약적인 경우에는 기계작업시간 등이 많이 사용되고 있다. 또한 직접재료비와 직접노무비의 합인 기본원가에 비례하여 제조간접비를 배부하기도 한다. 대개의 경우 제조간접비의 발생과 높은 상관성을 갖는 요인을 찾기가 힘들기 때문에 제조간접비 배부기준을 정하는 데 추가적인 비용과 노력이 많이 소요되지 않고 쉽게 적용할 수 있는 배부기준을 정하고 있다. 그러나 이러한 제조간접비의 배부가 제품원가를 결정하는 데 상당히 중요한 부분을 차지한다는 점을 간과해서는 안 된다.

제조간접비는 여러 제품을 생산하기 위하여 공통적으로 발생된 제조원가이기 때문에 발생과 동시에 각 개별작업에 부과할 수 없다. 따라서 기말에 제조간접비를 적당한 배부기준에 의하여 각 작업(작업원가표)에 배부하는 과정을 거치게 된다.

제조간접비를 각 작업에 배부하는 경우에는 무엇을 배부기준으로 하여야 할 것인지가 문제인데, 일반적으로 많이 사용되는 배부기준으로는 ① 직접노무비기준, ② 직접노동시간기준, ③ 기계시간기준 등이 있지만, 이들 배부기준 중에서 다음 사항을 고려하여 가장 합리적이라고 생각되는 기준을 선택하여야 할 것이다.

제조간접비를 개별작업에 배부하기 위해서는 제조간접비배부율을 결정해야 하는데, 이는 다음과 같이 계산된다.

$$제조간접비배부율 = \frac{제조간접비}{배부기준(조업도)}$$

제조간접비배부율은 제조간접비를 직접노무비, 직접노동시간, 기계작업시간, 기계시간 등의 배부기준(조업도)을 나누어서 계산하기 때문에 이들 배부기준이 확정되는 기말이 되어야 결정된다. 제조간접비배부율이 결정되면 작업별 배부기준(조업도)에 제조간접비배부율을 곱하여 각 작업(작업원가표)에 제조간접비를 배부한다.

지금부터 제조간접원가배부를 어떻게 하는 것인지 알아보자. 제조부문이 여러 개 존재하는 경우 크게 두 가지 배부방법을 이용한다.

제4절 공장전체 제조간접비배부율과 부문별 제조간접비배부율

원재료가 투입되어 하나의 제품으로 완성되기 위해서는 여러 가지 제조과정을 거치게 된다. 효율적인 생산활동을 수행하려면 다양한 제조과정을 그 기능에 따라 몇 가지로 구분하는 것이 필요한데, 이와 같이 구분된 개별 제조단위를 제조부문이라 한다. 기업이 구체적으로 어떤 제조부문을 설정할 것인가는 업종에 따라 다르지만 기계제조업의 예를 들면 주조부문, 단조부문, 선반부문, 기계부문, 조립부문 등을 제조부문이라고 할 수 있다.

대부분의 제조기업에서는 둘 이상의 제조부문이 존재하는데, 이러한 경우에 제조간접비를 개별작업(제품)에 배부하는 방법에는 두 가지가 있다.

(1) 공장전체 제조간접비배부율

제조간접비를 각 제조부문별로 집계하여 배부하지 않고 공정전체의 총제조간접비를 단일 배부기준으로 나누어 단일 제조간접비배부율을 산정한 다음 제조간접비를 배부하는 것인데, 이때의 제조간접비배부율을 공장전체 제조간접비배부율이라고 한다.

이 방법하에서 제조부문에 집계된 제조간접비를 모두 합한 공장전체 제조간접비를 공장전체 제조간접비의 원가동인을 가장 잘 나타내고 있는 것을 배부기준을 정하여 정해진 단일의 배부기준으로 나누어 공장전체 제조간법비배부율을 계산한다.

$$\text{공장전체 제조간접비배부율} = \frac{\text{공장전체 제조간접비}}{\text{공장전체 배부기준 합계}}$$

공장전체 제조간접비배부율을 사용하는 기업은 모든 제조간접비를 하나의 제조간접비통제계정에 집계하고 공장전체 제조간접비배부율에 의해 제조간접비를 제품에 배부한다.

예를 들어, 제조부문 X와 Y가 있을 때 제조부문 X와 Y의 제조간접비를 합한 총제조간접비를 기계시간을 기준으로 산정한 제조간접비배부율에 의하여 개별작업(제품)에 배부하는 경우이다.

한편 제조간접비배부율계산에 있어 분모의 배부기준을 어떤 원가로 사용하는가에 따라 실제와 정상 개별원가계산의 공장전체 제조간접비배부율로 구분된다.

$$\text{실제 공장전체 제조간접비배부율} = \frac{\text{공장전체 실제제조간접비}}{\text{공장전체 실제조업도}}$$

$$\text{정상 공장전체 제조간접비배부율} = \frac{\text{공장전체 제조간접비예산}}{\text{공장전체 예산(예정)조업도}}$$

각각의 제품에 배부되는 제조간접비는 다음과 같다.

> 각 제품에 배부되는 제조간접비 = 공장전체 제조간접비배부율 ×
> 제품별 배부기준의 실제투입량

공장전체 제조간접비배부율은 공장에서 발생하는 총제조간접비와 재주기준만 알고 있으면 쉽게 계산할 수 있고, 이 방법은 어떤 배부방법을 사용하든 관계없이 공장전체 제조간법비 배부율은 동일하게 계산된다.

(2) 제조부문별 제조간접비배부율

각 제조부문별로 제조간접비를 집계하고, 이를 해당 제조부문의 특성에 맞는 배부기준으로 나누어 각 제조부문별로 서로 다른 제조간접비배부율을 사용하는 것인데, 이때의 제조간접비배부율을 부문별 제조간접비배부율이라고 한다.

이 방법에서는 각 제조부문에 집계된 제조간접비를 각 제조부문의 원가동인을 가장 잘 나타내고 있는 것을 배부기준으로 정하여 정해진 배부기준으로 나누면 부문별 제조간접비배부율이 계산된다.

$$제조부문별 \ 제조간접비배부율 = \frac{제조부문별 \ 제조간접비}{제조부문별 \ 배부기준 \ 합계}$$

예를 들어, 제조부문 X와 Y가 있을 때 제조부문 X는 기계시간을 기준으로 하여 제조간접비배부율을 산정하고, 제조부문 Y는 직접노동시간을 기준으로 하여 제조간접비배부율을 산정해 부문별로 개별작업

(제품)에 제조간접비를 배부하는 경우이다.

한편 제조간접비배부율계산에 있어 분모의 배부기준을 어떤 원가로 사용하는가에 따라 실제와 정상 개별원가계산의 부문별 제조간접비배부율로 구분된다.

$$실제\ 부문별\ 제조간접비배부율 = \frac{부문별\ 실제제조간접비}{부문별\ 실제조업도}$$

$$정상\ 부문별\ 제조간접비배부율 = \frac{부문별\ 제조간접비예산}{부문별\ 예산(예정)조업도}$$

부문별 제조간접비배부율을 사용하는 기업은 부문별 제조간접비배부율에 의해 제조간접비를 다음과 같이 제품에 배부하고 있다.

$$각\ 제품에\ 배부되는\ 제조간접비 = 부문별\ 제조간접비배부율 \times 제품별\ 배부기준의\ 실제투입량$$

부문별 제조간접비배부율을 사용하는 경우 원가집적대상이 각 부문이므로 보조부문원가배분방법에 따라 각 제조부문에 집계된 제조간접비가 달라지게 된다. 따라서 보조부문 원가배분방법에 의해 부문별 제조간접비배부율이 상이하게 계산된다.

제5절 보조부문원가와 제조간접비의 배분

제조기업에는 기본적으로 제조부문과 보조부문이 있다. 제조부문은 제품의 제조에 직접 참여하여 제품을 생산하는 부문을 말하며, 보조부문은 제품의 제조에 직접 관계하지는 않으나 제조부문의 제조활동을 보조하기 위하여 여러 가지 용역을 제공하는 부문을 말한다. 예를 들면, 기계공업에 있어서 단조부, 선반부, 조립부 등은 제조부문이며, 동력부, 용수부, 수선부, 검사부, 공장사무부 등은 보조부문이라 할 수 있다. 이러한 보조부문원가는 이미 4장에서 자세히 살펴보았다.

한편, 제조부문에서 발생한 제조원가 중 직접재료비와 직접노무비를 제외한 제조원가는 제조간접비로 분류되며, 제조부문의 활동을 보조하기 위하여 보조부문에서 발생한 원가도 또한 제조간접비일 것이다. 제조활동과 관련하여 직·간접적으로 발생한 모든 제조원가를 제품에 배부하기 위해서는 제조부문에서 발생한 제조간접비만을 개별작업에 배부하여서는 안 되며, 먼저 보조부문과 제조부문 등 부문별로 제조간접비를 집계하고 집계된 보조부문의 원가를 제조부문에 배분한 뒤, 제조부문에서 발생한 제조간접비와 보조부문에서 배부된 원가를 합하여 개별작업에 배부하여야 한다.

제6절 개별원가계산 절차

개별원가계산을 하기 위해서는 다음과 같은 6단계의 절차를 밟아서 계산한다. 물론 저자에 따라서는 약간의 차이가 있겠지만, 본서에서는 다음의 6단계를 밟도록 한다.

1단계: 각 원가를 직접비와 간접비로 구분하여 기재한다.
직접비는 개별 제품에 직접 대응시킬 수 있는 원가로 직접 재료비, 직접노무비, 직접경비로 구성되며, 간접비는 개별 제품에 직접적으로 대응시킬 수 없어 일정한 배부기준을 정하여 배부하는 원가를 말한다.

2단계: 직접비를 제품 제조지시서에 배부한다.
직접비는 개별제품에 직접적으로 발생하는 원가이므로 개별제품별 제조지시서에 배부한다.

3단계: 간접비를 각 부문별로 집계하되 이 원가도 개별부문과 공통부문으로 구분하여 집계한다.
개별 보조부문에 직접적으로 추적되는 원가는 개별 보조부문에 집적하고, 공통부문에서 발생하는 원가는 개별 보조부문에 추가적으로 배부하는 절차를 거쳐야 한다.

4단계: 개별비는 각 제품별로 개별적으로 집계하고, 공통비는 일괄 집계하여 일정한 배부기준을 정하여 각 제조부문에 배부한다.

5단계: 보조부문의 원가는 일정한 배부기준을 정하여 각 제조부문에 배부한다.

6단계: 제조부문의 원가를 일정한 배부기준을 정하여 각각의 제품에 배부하여 단위당 제조원가를 계산한다.

제7절 개별원가계산 시스템의 선택

1. 실제, 표준, 평준화 개별원가계산

실제개별원가계산은 모든 원가를 실제로 발생한 원가 즉, 역사적원가로 표준개별원가계산은 모든 원가를 사전에 설정된 표준에 따라서 평준화개별원가계산은 직접재료원가와 직접노무원가는 실제원가로, 제조간접원가는 예정제조간접원가배부율로 배부하여 집계하는 원가계산 방법이다. 이것은 원가의 측정과 관련된 문제이다. 즉, 투입된 원가를 미래원가로 측정하느냐 과거원가로 측정하느냐에 의한 차이일 뿐 그 외의 과정은 모두 같다.

2. 전부, 직접원가계산

단순히 고정제조간접원가의 제품원가에의 포함여부에 따라 달라지는 것으로 그 외의 상황은 동일하다.

3. 평준화 개별원가계산의 세부내용

제조간접원가의 예정배부는 실제배부의 문제점을 해결하기 위해서 개발된 것이다. 즉, 보다 빠른 원가의 결정과 기간별로 평준화된 제품원가를 얻기 위해서 개발된 것이 예정배부인 것이다.

제조간접원가의 예정배부는 제조간접원가의 예측치와 조업도 기준의 발생예측치를 이용하여 제조간접원가배부율을 미리 구한 후(예정배부율), 이 배부율에 따라서 제조간접원가를 배부하는 방법이다.

제조간접원가를 예정배부할 경우에는 제조간접원가계정은 차변과 대변으로 분리되어 원가계산기간 중에는 차변에는 제조간접원가의 발생액이 집계되며, 대변에는 제조간접원가의 배부액을 집계한다. 이처럼 예정배부를 하는 경우에 제조간접원가계정은 차변과 대변이 각각 집계 또는 배분되므로 대차평균이 이루어지지 않는 경우가 생기게 된다. 이것을 제조간접원가배부차이라고 한다.

제조간접원가계산 중에서 이처럼 직접재료비와 직접노무비는 실제원가로 계산하고 제조간접원가는 예정배부하는 원가계산방법을 평준화원가계산이라고 한다.

$$\text{제조간접원가 예정배부율} = \frac{\text{예정제조간접원가}}{\text{예정조업도}}$$

$$\text{배부액} = \text{예정배부율} \times \text{실제조업도}$$

실제조업도라는 데 주의를 기울여야 한다. 배부율은 예정배부율을 사용하지만 배부기준이 되는 조업도는 실제조업도를 사용한다. 이것이 제8장에서 설명하는 표준원가계산과 다른 점이다. 표준원가계산은 표준배부율×표준조업도를 사용한다.

한편, 이러한 배부차이의 성격은 무엇인가?

배부차이는 예측오차이다. 정확한 예측을 하였다면 배부차이는 발생하지 않게 된다. 그러므로 차후의 예정배부율 결정시에는 이러한 오차를 반영하여 보다 정확한 배부율을 결정하여야 한다. 또한 회계학적으로 본 배부차이는 비용의 과대 또는 과소계상이다. 따라서 역사적원가를 요구하는 일반적으로 인정된 회계원칙(GAAP)에 맞추기 위해서는 과대 또는 과소 배부된 배부차이를 적절히 수정하여야 한다.

배부차이를 처리하는 방법으로는 크게 손익법과 안분법으로 나눌 수 있다.

손익법이란 차이 전부를 당기의 손익에 가감하는 방법을 말한다. 손익법에는 매출원가조정법과 영업외손익법이 있다. 안분법을 배부차이를 배부차이로 인해 영향을 받는 각 계정 즉, 재공품, 제품, 매출원가에 배부차이를 배부하는 것으로 그 방법에는 총원가기준법과 원가요소기준법이 있다.

손익법	매출원가조정법	배부차이를 전액 매출원가에서 가감하는 방법
	영업외손익법	배부차이를 전액 영업 외 손익으로 처리하는 방법
안분법	총원가기준법	재공품, 제품, 매출원가의 잔액으로 배부차이를 안분하는 방법
	원가요소기준법	재공품, 제품, 매출원가의 잔액 중 제조간접원가배부액의 잔액을 기준으로 배부차이를 안분하는 방법

4. 배부차이 처리의 회계처리

과대배부된 배부차이를 조정하면 매출원가가 감소하거나 자산이 감소하게 된다. 한편 과대배부된 배부차이를 조정하면 매출원가가 증가하거나 자산이 증가하게 된다. 다음의 회계처리를 보면 보다 명확해진다.

과소배부는 추가적으로 배부하기 위해 제조간접원가계정의 대변에 기재하여야 하고, 과대배부는 너무 많이 배부되었으므로 제조간접원가계정의 차변에 기재하여 배부액을 차감해 준다.

(1) 과소배부

(차) 매출원가 또는 영업 외 손실	xxx
(대) 제조간접원가	xxx
(차) 매출원가	xxx
제　품	xxx
재 공 품	xxx
(대) 제조간접원가	xxx

(2) 과대배부

(차) 제조간접원가	xxx
(대) 매출원가 또는 영업 외 수익	xxx
(차) 제조간접원가	xxx
(대) 매출원가	xxx
제　품	xxx
재 공 품	xxx

제8절 개별원가계산의 공손 및 불량품의 회계처리

1. 의　의

공손은 불합격품을 말한다. 추가적인 작업으로도 정상품으로 환원시킬 수 없는 것이 공손이며 불합격 판정 시까지의 원가를 공손품의 원가로 한다.

불량품은 추가적인 작업을 하면 정상품으로 만들 수 있는 단위를 말하며 추가적인 작업에 대한 원가 즉, 재작업원가의 처리가 문제시 된다.

　작업폐물은 작업 시에 부수적으로 생산되는 찌꺼기로 비교적 낮은 가격으로 외부에 판매되거나 처리비용이 소요되는 것을 말한다.

2. 회계처리

　회계처리에서 주의할 것은 공손 등이 정상적인 상황에서 발생하였느냐의 판정이다. 정상적인 상황에서 발생한 것이면 원가계산절차 중에 포함시키는 것이 가능하지만, 비정상적인 상황에서 발생한 것은 당기의 손실로 처리하여야 한다.

(1) 이상적인 상황에서 발생한 경우
－원가성이 없으므로 영업 외 손실로 처리한다.
－작업폐물의 경우 잡이익(잡손실)으로 처리한다.

(2) 정상적인 상황에서 발생한 경우
① 개별작업과 관련된 경우
관련된 특정 작업의 원가에 가산하거나(공손, 재작업원가), 차감하여야(작업폐물)한다. 즉, 재공품 계정에 직접 가감하여야 한다.

② 모든 작업에 관련된 경우
모든 작업에 배부되어야 하므로 제조간접원가 계정에 가감한다.

[사례 1]

다음은 (주)중앙건설의 공사와 관련된 자료이다. 물음에 답하라.

	#101	#102	#103
원재료	기 초 (₩3,000), 기 말 (₩1,000)		
재공품	₩7,700	₩6,500	₩4,300
미지급임금	기 초 (₩7,000), 기 말 (₩5,000)		

당기 중 원재료 매입액은 ₩25,000이고, 임금지급액은 ₩43,000이었다. 한편, 제조경비의 발생액은 ₩17,500이며, 당기 중 원가요소의 발생 및 사용은 다음과 같다. 당기에 완성된 제품은 #102와 #103이다.

작업번호	직접재료비	직접노무비	제조간접비배부율
#101	₩5,500	₩7,500	20%
#102	₩4,700	₩9,800	25%
#103	₩7,800	₩8,600	35%
#104	₩3,800	₩8,300	20%
계	₩21,800	₩34,200	100%

[물음] 제품계정으로 대체되는 금액과 기말재공품잔액을 구하라.

[해답]

① 간접재료비 계산

기초재료재고	3,000
당기매입액	25,000
계	28,000

기말재료재고	<u>1,000</u>
당기사용액	27,000
직접재료비	<u>21,800</u>
제조간접비	5,200

② 간접노무비 계산

당기 말 미지급노무비	5,000
당기 현금지급노무비	<u>43,000</u>
계	48,000
전기 말 미지급노무비	<u>7,000</u>
당기발생 노무비	41,000
직접노무비	<u>34,200</u>
간접노무비	6,800

③ 제조간접비: $5,200 + 6,800 + 17,500 = ₩29,500$

④ 원가의 배부 및 부과

	#101	#102	#103	#104	계
기초재공품	₩7,700	₩6,500	₩4,300	-	₩18,500
직접재료비	₩5,500	₩4,700	₩7,800	₩3,800	₩21,800
직접노무비	₩7,500	₩9,800	₩8,600	₩8,300	₩34,200
제조간접비배부율	20%	25%	35%	20%	100%
제조간접비배부액	₩5,900	₩7,375	₩10,325	₩5,900	₩29,500
계	₩26,600	₩28,375	₩31,025	₩18,000	₩104,000

당기 중에 직접 한 것 중에서 #102와 #103이 완성되었으므로,

제품대체액: ₩28,375＋₩31,025＝₩59,400

기말재공품: ₩26,600＋₩18,000＝₩44,600

[사례 2] 제조간접비 배부차이

다음은 甲(주)의 제조간접원가 예정배부에 관련된 자료이다.

예정제조간접원가　　　　　₩360,000

예정기계시간　　　　　　　2,000시간

위의 자료를 보고 예정배부율을 계산하고, 다음 각 경우의 제조간접원가 배부차이를 계산하라.

	실제제조간접원가 발생액	실제기계시간
Case 1	420,000	2,000
Case 2	320,000	2,000
Case 3	420,000	3,000
Case 4	360,000	1,800

[해답]

① 예정배부율＝360,000/2,000＝180/시간

② 배부차이

	제조간접원가 실제발생액	실제 기계시간	배부액	(과대)과소배부
Case 1	₩420,000	2,000	₩360,000 (2,000×180)	₩60,000
Case 2	₩320,000	2,000	₩360,000 (2,000×180)	₩(40,000)
Case 3	₩420,000	3,000	₩540,000 (3,000×180)	₩(120,000)
Case 4	₩360,000	1,800	₩324,000 (1,800×180)	₩36,000

[사례 3] 제조간접원가 배부차이의 처리

K(주)는 제조간접원가를 예정배부하고 있다. 다음 자료를 이용하여 물음에 답하라.

① 제조간접원가 "예산" $Y = 75,000 + 5X$

② 예정조업도: 10,000 기계시간

③ 기말재고 및 매출원가 (배부차이 조정 전)

	직접재료비	직접노무비	제조간접비	계
재 공 품	₩25,000	₩10,000	₩15,000	₩50,000
제　　품	₩30,000	₩10,000	₩30,000	₩70,000
매출원가	₩180,000	₩110,000	₩90,000	₩380,000
계	₩235,000	₩130,000	₩135,000	₩500,000

[물음]

1. 예정배부율을 계산하라.

2. 현재의 조업도는 총 몇 시간인가?

3. 실제 제조간접원가 발생액이 ₩150,000이라고 할 때

① 손익법(매출원가조정)

② 총원가기준

③ 원가요소기준 에 의해 배부차이의 처리를 분개로 표시하라.

4. 실제 제조원가 발생액이 ₩100,000이라고 할 때 위 물음 3에 다시 답하라.

[해답]

1.

① 총원가계산: ₩75,000＋5×10,000＝₩125,000

② 예정배부율: ₩125,000/10,000 기계시간＝₩12.5/기계시간

2. ₩135,000/12.5＝10,800 기계시간

3. 배부차이 ₩15,000 (150,000-135,000) 과소배부

① 손익법

(차) 매출원가 15,000 (대) 제조간접비 15,000

② 안분법 - 총원가기준

	총원가	안분비	안분액
재 공 품	₩50,000	10%	₩1,500
제 품	₩70,000	14%	₩2,100
매출원가	₩380,000	76%	₩11,400
계	₩500,000	100%	₩15,000

(차) 재공품　　　　　1,500　　(대) 제조간접비　　　　15,000

　　　제 품　　　　　2,100

　　　매출원가　　　11,400

③ 안분법 - 원가요소기준

	제조간접원가	안분비	안분액
재 공 품	₩15,000	(15,000×15,000/135,000)	₩1,667
제 품	₩30,000	(15,000×30,000/135,000)	₩3,333
매출원가	₩90,000	(15,000×90,000/135,000)	₩10,000
계	₩135,000		₩15,000

(차) 재공품　　　　　1,667　　(대) 제조간접비　　　　15,000
　　　제 품　　　　　3,333
　　　매출원가　　　10,000

4. 배부차이: ₩35,000 (100,000-135,000) 과대배부

① 손익법

(차) 제조간접비　　35,000　　(대) 매출원가　　　　35,000

② 안분법 - 총원가기준

	총원가	안분비	안분액
재 공 품	₩50,000	10%	₩3,500
제 품	₩70,000	14%	₩4,900
매출원가	₩380,000	76%	₩26,600
계	₩500,000	100%	₩35,000

(차) 제조간접비　　　　35,000　　(대) 재공품　　　　3,500
　　　제 품　　　　　　4,900
　　　매출원가　　　　26,600

③ 안분법 – 원가요소기준

	제조간접원가	안분비	안분액
재 공 품	₩15,000	(35,000×15,000/135,000)	₩3,889
제 　 품	₩30,000	(35,000×30,000/135,000)	₩7,778
매출원가	₩90,000	(35,000×90,000/135,000)	₩23,333
계	₩135,000		₩35,000

(차) 제조간접비　　　35,000　　(대) 재공품　　　3,889
　　제 　 품　　　　7,778
　　매출원가　　　23,333

[참고] 제조원가 명세서 양식

1. 직접재료원가
　　기초재고액　　　　　xxx
　　당기매입액　　　　　xxx
　　　　　　　　　　　─────
　　　　계　　　　　　　xxx
　　기말재고액　　　　　xxx　　　　　xxx
　　　　　　　　　　　─────

2. 직접노무원가　　　　　　　　　　xxx
3. 세조간집원사　　　　　　　　　　xxx
　　　　　　　　　　　　　　　　─────
4. 당기총제조원가　　　　　　　　　xxx
5. 기초재공품재고　　　　　　　　　xxx
　　　　　　　　　　　　　　　　─────
6. 합　계　　　　　　　　　　　　　xxx
7. 기말재공품재고　　　　　　　　　xxx
　　　　　　　　　　　　　　　　─────
8. 당기제품제조원가　　　　　　　　xxx
　　　　　　　　　　　　　　　　═════

♣ 종합원가계산

학 습 목 표

이 장을 공부한 뒤, 여러분은 다음 사항을 숙지하여야 한다.

1. 종합원가계산의 개요 및 특징

2. 개별원가계산과 종합원가계산의 차이

3. 종합원가계산 – 완성품환산량

4. 종합원가계산 – 선입선출법 vs 평균법

5. 종합원가계산하의 공손품 회계처리

6. 작업별원가계산 방법 및 조별원가계산방법의 개요

제7장 종합원가계산(Process Costing)

제1절 개 요

1. 종합원가계산의 의의

종합원가계산은 공정 혹은 각 부문별로 원가를 집계한 다음 집계된 원가를 각 공정이나 부문의 산출물에 균등하게 분배하여 산출물 단위당 원가를 계산하는 방법이다.

$$\text{산출물 단위당원가} \;=\; \frac{\text{총원가}}{\text{산출물}}$$

종합원가계산은 공정 혹은 부분의 산출물이 동일한 경제적 가치를 가지고 있다는 가정에 기초하고 있다. 이와 같이 산출물이 동일한 가치를 가질 경우에 개별원가계산의 경우와 같이 각 작업(제품)별로 원가를 추적할 필요가 없어지므로 상대적으로 단순하고 간편하며 관리비용이 적게 소요된다. 그러나 종합원가계산은 개별원가계산과는 달리 개별작업(제품)별로 작업원가표를 유지하지 못하므로 개별원가계산보다는 정보를 제공해 주는 능력이 상대적으로 부족하다. 종합원가계산과 개별원가계산의 선택은 생산의 형태에 따라서 이루어지는 것이 원칙이다. 그러나 경우에 따라서는 종합원가계산을 적용해야 하는 지, 개별원가계산을 적용해야 하는지에 대한 명확한 구분이 곤란한 경우가 있을 수 있다. 이렇게 선택이 곤란한 경우에는 원가계산방법이 주는 이익과 원가계산방법에 소요되는 비용에 따라서 원가계산방법을 선택하게 된다. 즉, 개별원가계산은 원가계산시스템의 유지에 많은 비용이 소요되는 반면에 많은 정보를 제공해 주고, 종합원가계산은 상대적으로 적은 유지비용이 소요되는 반면에 제공하는 정보의 양도 적다.

이러한 종합원가계산은 동종 또는 유사한 제품을 연속적인 공정을 통하여 대량생산하는 형태에 적용되는 제품원가계산방법으로 개별원가계산과는 여러 측면에서 대조를 이루는 방법이다. 실무에서 현실적으로 적용하고 있는 원가계산 시스템은 양자를 절충한 방법이다.

종합원가계산의 핵심은 재공품의 완성품환산량 개념이며, 이를 계산하는 방법은 평균법과 선입선출법 등으로 구분된다.

2. 종합원가계산의 특성

종합원가계산의 특성을 요약하면 다음과 같다.

① 제품원가는 평균화과정에 기초하고 있다. 즉, 모든 제품을 평균화한 다음에 각 제품에 동일한 원가를 배부해 주는 것이다.
② 원가의 분류 및 집계가 단순해진다. 원가의 분류가 재료비와 가공비 두 가지로 단순해지고, 원가의 집계가 개별원가계산에 비해서 단순하다. 개별원가계산은 각 작업별로 원가를 집계하지만(작업원가표를 이용) 종합원가계산은 개별원가계산에서의 재공품계정이라고 할 수 있는 공정별 원가가 집계된다.
③ 연속적 대량생산 형태이므로 기간개념이 중시된다.

3. 종합원가계산과 개별원가계산의 비교

	개별원가계산	종합원가계산
적용 가능성	다품종 소량생산업종 (인쇄, 건설, 조선, 기계 등)	소품종 대량생산업종 (제지, 철강, 정유, 섬유, 식품가공 등)
원가 계산	− 개별제품별로 작업원가표를 통해 원가를 집계 − 작업원가표에 집계된 원가에 따라서 재공품 또는 제품대체액을 평가	− 일정기간 동안의 총원가를 작업수량(완성품환산량)으로 나누어 단위당 원가계산 − 재공품, 제품재고액 평가는 단위당원가에 완성품환산량을 곱하여 계산
원가의 분류	직접재료비, 직접노무비, 제조간접비 등 추적가능성을 중시하는 분류	원가를 재료의 투입과 가공이라는 과정으로 이분하여, 재료비와 가공비로 분류
장 점	1. 정확한 원가계산이 가능하다. 2. 제품별 손익분석 및 계산이 가능	1. 보다 경제적이며 덜 복잡하다. 2. 부문, 공정, 작업별로 원가가 집계되므로 책임회계 및 통제에 용이하다.
단 점	상세한 기록이 필요하므로 기록에 소요되는 비용이 크다.	원가가 상대적으로 부정확하다.

4. 종합원가계산 흐름도

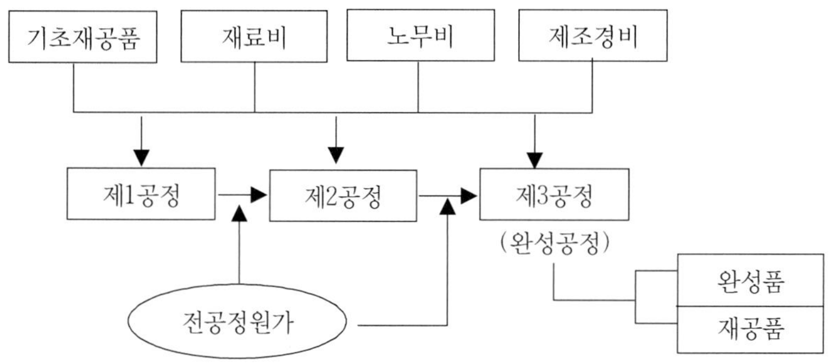

제2절 종합원가계산의 절차

1. 기본적 절차

종합원가계산은 모든 원가계산이 다 그렇듯이 재공품계정의 차변에 집계된 원가를 대변에 제품대체액과 재공품으로 배분하는 가상 기본적인 절차를 갖는다.

즉, 아래의 도표에서 보는 것과 같이 재공품계정의 차변에 집계되는 원가가 원가배분이라는 과정을 통하여 제품 대체액과 기말재공품 원가로 배분되는 것이 제품원가계산의 기초가 되는 것이다.

개별원가계산에서는 원가의 배분을 작업원가표를 이용하여서 수행하는 반면 종합원가계산은 원가의 배분을 수량을 기준으로 나누어 주는 방식으로 하게 된다. 따라서 종합원가계산은 각 작업별로 원가를 집계하는 개별원가계산과는 달리 공정(또는 재공품)이라는 하나의 원가집적대상에 원가를 일괄적으로 집계하게 된다.

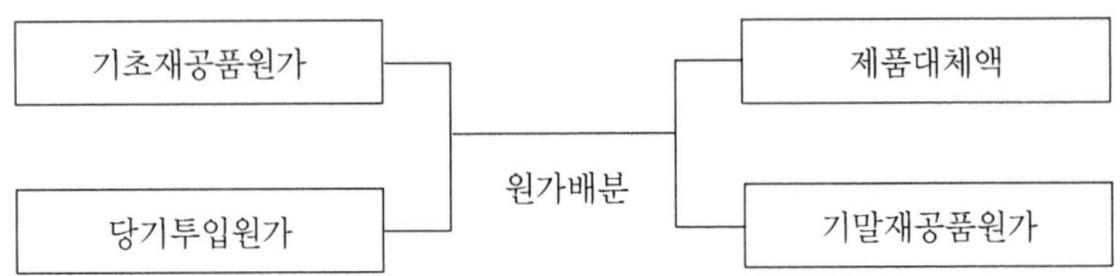

2. 종합원가계산의 6단계

종합원가계산은 다음에 설명되는 6개의 단계에 의해서 이루어진다. 6개의 단계는 Horngren의 5단계법에 공손원가의 처리라는 하나의 단계를 더 추가하여 구성한 것이다. 공손이 없을 경우에는 제6단계와 각 단계에서 공손에 해당하는 부분을 제외하고 원가를 계산하면 된다. 그러나 대부분의 경우 공손을 포함하는 경우가 대부분이므로 6단계 모두를 숙지하는 것이 필요하다. 6단계를 열거하면 다음과 같다.

1단계: 실물흐름의 파악
2단계: 완성품환산량의 계산
3단계: 원가의 집계
4단계: 완성품환산량단위당원가의 계산
5단계: 원가의 계산
6단계: 공손원가의 처리

그 세부적인 내용을 살펴보자.

(1) 실물흐름의 파악

실물흐름의 파악은 해당되는 원가계산기간의 물량흐름을 파악하는 단계이다. 물량의 흐름은 당기 중 생산공정을 거쳐 간 단위들을 의미하는 것으로 원가의 계산 또는 배분에 가장 기초가 되는 중요한 개념이다. 종합원가계산에서 원가는 작업원가표에 집계되는 것이 아니라 위에서 표현한 경제적으로 동일한 가치라는 개념에 따라 각 물량에 배부되는 것이다. 또한 물량흐름은 다음에 기술하는 완성품환산량의 계산에 기초가 되는 것이므로 정확하게 파악하여야 한다. 물량의 흐름은 다음과 같이 계산한다.

$$총투입량 = 총산출량$$

$$기초재공품 + 당기착수량 = 완성품수량 + 기말재공품수량 + 공손수량$$

물량의 흐름은 통상적으로는 "투입량＝산출량"이다.

특수한 경우에는 "총투입량〉총산출량" 또는 "총투입량〈총산출량"인 경우가 발생할 수도 있다. 전자를 '감손', 후자를 '증량'이라고 한다.

(2) 완성품환산량의 계산

① 기본개념

완성품환산량은 수행한 작업을 완성품의 양으로 환산하여 계산한 것을 의미한다. "*완성품환산량＝물량×완성도*"로 표시된다. 완성품환산량을 계산하는 이유는 생산된 모든 단위를 경제적으로 동일한 가치를 갖는 단일의 경제적 단위로 만들어 주기 위해서 이다. 투입된 원가를 수량으로 나누어주는 것이 종합원가계산인데, 당기 중에 공정에서 가공된 수량 중에는 완성된 수량(제품)이 있을 수도 있고 완성되지 않은 수량(재공품)이 잇을 수도 있다. 재공품과 제품이 공정에서 가공된 것은 사실이나 가공된 정도는 재공품과 제품이 다를 수밖에 없다. 가공된 정도가 다른 재공품과 제품에 동일한 원가를 배분하여 주는 것은 불합리하므로 완성품환산량이라는 개념을 이용하여 경제적으로 동일한 가치(동일한 가공을 받은 어떤 수량)로 환산한 후 원가를 배분하여 준다.

② 완성도(진척도)

완성도란 가공대상 생산품의 완성의 정도를 나타내는 것으로서 완성품환산량계산의 기본적인 정보이다. 완성도는 통상적으로 %로 표시하게 되는데 공정의 진척 정도를 나타내는 것이라고 보면 된다. 즉, 완성품의 경우는 완성도 100%, 재공품의경우에는 그 가공한 정도에 따라서 50%, 70% 등이 될 수 있을 것이다. 또한 공손의 경우에는 공손검사시점을 공손의 완성도로 본다. 따라서 공손검사를 공손의 50% 시점에 실시하게 되면 공손품의 완성도는 50%가 되는 것이다.

완성도는 원가의 투입시점 및 투입형태가 다른 원가요소별로 측정되어야 한다. 왜냐하면 하나의 재공품이라 할 지라도 원가요소에 따라 서로 다른 완성도를 가질 수 있기 때문이다. 통상적으로 재료원가는 공저의 특정시점에 일괄적으로 투입되고 가공원가(직접노무비와 제조간접비의 합)는 전공정을 통하여 균등하게 발생한다.

하나의 예를 들어보자. 재료원가는 공정의 초에 투입되고 가공원가는 공정의 전기간에 걸쳐 균등하게 발생한다고 가정하자. 공정의 60% 시점까지 가공된 재공품의 완성도는 가공원가의 경우 60%이나 재료원가는 공정의 초에 전량이 투입되므로 100%이다.

완성품의 경우는 완성도 100%이므로 완성품 물량과 환산량이 같다. 그러나 기말재공품과 공손의 경우에는 완성도가 100% 이하인 경우가 많으므로 반드시 환산을 해 주어야 한다.

이렇게 실물의 흐름을 완성도에 따라 완성품환산량으로 환산을 하면 완성품환산량 1단위에 투입된 노력의 양은 같아지게 되며, 각 완성품환산량은 경제적으로 동등한 가치를 갖게 되어 공정에서 발생한 총원가를 나누어 줄 수 있게 되는 것이다.

③ 종합원가계산의 두 가지 방법

종합원가계산에는 선입선출법과 평균법의 두 가지가 많이 사용되는데 이 두 가지 방법에서의 완성품환산량계산이 서로 상이하므로 주의를 요한다. 선입선출법은 전기에 가공된 것(기초재공품)이 제품계정으로 먼저 대체된다는 가정하에 완성품환산량을 계산하는 것으로 완성품환산량계산 시 기초재공품 중에 전기에 작업한 부분은 당기에 고려하지 않고 당기에 작업을 한 부분에 대해서만 고려를 하는 방법이다. 평균법은 전기에 수행한 작업(기초재공품)과 당기에 수행한 작업을 구분하지 않고 완성품환산량의 계산을 하는 방법을 말한다. 따라서 평균법에서는 전기에 수행한 작업과 당기에 수행한 작업이 뒤섞이게 된다.

완성품환산량계산에 있어서의 선입선출법과 평균법의 차이는 기초재공품의 전기 작업분을 고려하는가의 여부에 있다. 선입선출법은 기초재공품의 완성분을 당기완성품환산량에 포함하지 않고 당기에 작업한 부분만 당기완성도로 계산하며, 평균법은 기초재공품의 완성도를 "0"으로 간주하여 전기에 수행한 작업도 당기의 완성품환산량계산에 포함한다. 그러므로 완성품환산량계산 시 선입선출법은 기초재공품과 당기 착수분을 반드시 구별하여야 하나, 평균법은 구분할 필요가 없다.

□ 평균법
Total E.U = 완성수량 + 기말재공품 E.U + 공손품 E.U

□ 선입선출법
Total E.U = 기초재공품에 대한 추가작업분의 E.U +
　　　　　 당기착수완성분의 E.U + 기말재공품의 E.U + 공손품의 E.U

선입선출법과 평균법의 완성품환산량계산의 차이는 당기 완성품환산량의계산에 있어서 기초재공품의 완성품환산량의 포함여부에 있다. 즉, 선입선출법은 기초재공품의 완성품환산량을 포함시키지 않고, 평균법은 포함시킨다.

(3) 원가의 집계
□ 평균법: 기초재공품원가 + 당기투입원가
□ 선입선출법: 당기투입원가

완성품환산량계산 시 평균법은 기초재공품을 당기에 작업한 것으로 간주하여 완성품환산량계산에 포함시키므로 제조원가를 집계할 경우에도 기초재공품원가를 포함하여 집계한다. 반대로, 선입선출법은 완성품환산량의 계산에 전기에 작업한 기초재공품은 제외하므로 원가의 집계 시에도 당기에 투입된 원가만 집계한다.

완성품환산량계산 시, 원가의 투입형태별로 완성품환산량을 구분하여 계산하였으면 원가도 구분하여 집계하여야 한다. 즉, 완성품환산량을 직접재료비와 가공비로 구분하여 계산하였으면 제조원가도 직접재료비와 가공비로 구분하여 집계한다. 만약 원가의 행태가 다른 여러 개의 요소가 있을 경우, 특히 투입시점이 다른 직접재료가 수종이 있을 경우에는 환산량의 계산과 원가의 집계 시에 각각 구별하여서 하여야 한다.

(4) 완성품환산량단위당원가의 계산

$$완성품환산량 \ 단위당 \ 원가 \ = \ \frac{총원가}{완성품환산량}$$

완성품환산량단위당원가는 원가의 투입형태에 따라 집계된 원가를 각각의 완성품환산량으로 나누어서 계산한다. 따라서 완성품환산량단위당원가는 완성품환산량단위당 직접재료비, 완성품환산량단위당직접노무비라는 형태로 표시된다.

(5) 원가의 계산

종합원가계산은 평균법과 선입선출법의 두 종류가 있으며 두 가지의 원가계산방법은 제3절의 재공품평가에서 자세히 살펴보기로 한다.

(6) 공손원가의 처리

공손원가의 처리 즉, 공손품회계도 제4절의 공손품회계에서 자세히 살펴보기로 한다.

제3절 재공품의 평가

기말재공품이란 기말에 어떤 공정의 제조작업이 완료되지 못하고 더 가공되어야 완성품이 되는 「미완성품」을 뜻한다.

미완성되었더라도 판매가 가능한 중간제품, 즉 반제품과는 다르다. 종합원가계산을 할 때 장부기록만으로 기말재공품을 알 수 없기 때문에 꼭 평가해야 된다. 평가에 있어서도 부당하게 높게 평가하면 완성품 원가는 상대적으로 낮게 평가되고, 또 반대로 기말재공품을 낮게 평가하면 완성품 원가는 높게 평가되어 매출원가의 과소·과다에 영향을 주므로 이익조작의 우려가 있다.

이와 같이 재공품원가를 어떻게 평가하느냐에 따라 완성품원가의 정확도가 결정되므로 종합원가계산에 있어서 재공품 평가는 중요하다. 또한 공정상 원료가 처음 공정에 투입되느냐, 또는 각 공정마다 순차적으로 투입되느냐에 따라 달라진다. 또한 공손품과 감량, 즉 감손이 발생하느냐 안하느냐, 발생한다면 공정초에서 발생하느냐 공정 말에서 발생하느냐에 따라서도 다르다.

(1) 평균법의 재공품 평가

평균법은 기초재공품원가와 당기투입원가를 구분하지 않고 이를 가중평균하여 당기완성품과 기말재공품에 원가를 배분하는 방법이다. 한편, 당기이전에 이미 착수된 기초재공품(전기 말 재공품)도 당기에 착수한 것과 동일하게 간주하므로 투입특면보다는 산출측면을 강조하는 방법이다. 따라서 평균법은 당기(현재)까지 총완성량에 중점을 두고 있으며 완성품환산량도 당기까지의 총완성품환산량을 원가배분의 기준으로 하고 있다. 이 방법은 당기의 순수한 능률을 파악하는 데 문제점이 있으나 계산과정이 간단하므로 실무에서 널리 사용되는 방법이다.

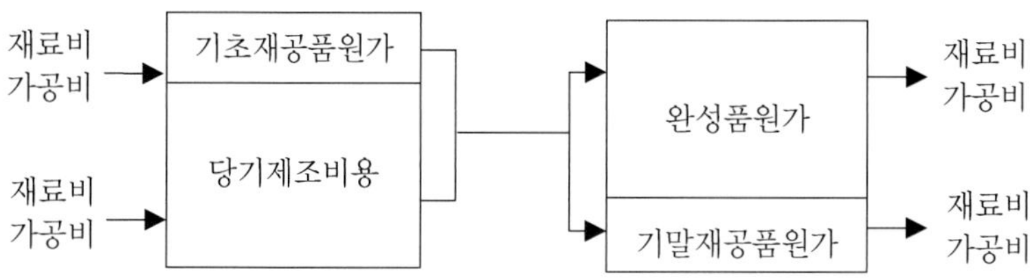

① 진척도

진척도는 제품 제조의 진행 정도, 즉 완성도이다. 원재료를 제1공정에서 모두 투입한다면 기말재공품에 포함되어 있는 재료비는 100%의 진척도이다. 가공 정도가 70%라면 가공비의 진척도는 70%이다.

② 환산량

완성품 1개와 재공품 1개에는 재료의 투입도와 가공도가 같지는 않다. 제1공정에서 재료의 전부가 투입된다면 재료의 투입도는 같지만 가공도는 다르다. 그러므로 기말재공품 수량을 완성품의 수량과 비례, 대등한 것으로 하려면 재공품의 진척도에 따라 완성품 수량으로 환산해야 한다.

$$기말재공품환산량 = 기말재공품수량 \times 진척도(완성도)$$

위 산식에서 기말재공품환산량은 재공품 수량을 진척도에 의해 완성품으로 환산한 수량이라는 의미이다.

최초 공장에서 직접원료가 전부 투입되었을 때 기말재공품원가는 재료비·가공비로 구분해서 계산해야 된다. 즉 기말재공품에 포함되어 있는 재료비는 이미 100% 완성되었다고 전제할 수 있으나 가공비는 진척도가 같다고 할 수 없다.

⑵ 선입선출법 재공품 평가

선입선출법은 전기의 작업과 당기의 작업을 명확히 구분하여 당기투입원가를 당기의 작업량에 따라 원가를 배분하는 방법이다. 또한 당기만의 완성량에 중점을 두고 있으므로 투입측면을 강조한 방법이다.

당기에 이루어진 완성량은 다음과 같이 구성되어 있다.

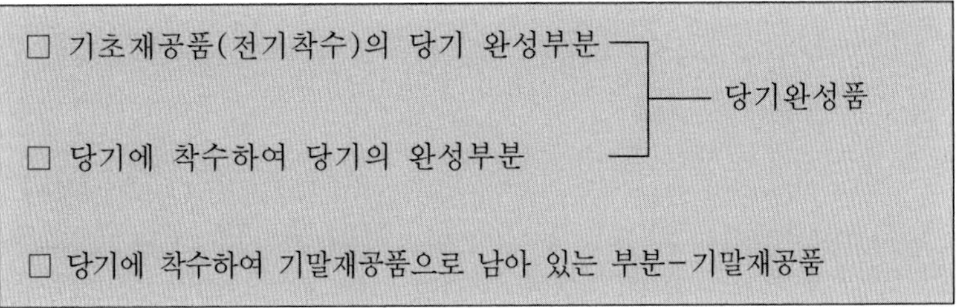

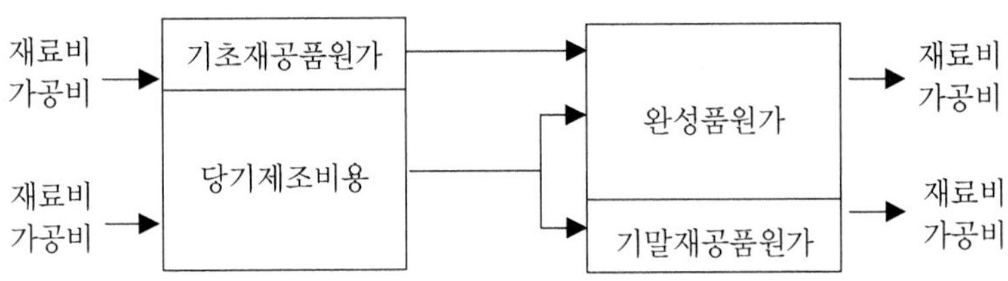

선입선출법은 제조과정에서 전기에서 넘어온 기초재공품은 기중에 이미 투입되어 완성된 것으로 전제하여 별도로 하고, 순수히 당기에 착수해서 당기에 완성된 것만을 가지고 기말재공품을 계산하는 방법이다.

위의 표를 보면 알 수 있듯이 기말재공품원가에 기초재공품원가를 포함시키지 않고 당기 제조비용을 완성품·기말재공품으로 안분하는 방법이다.

선입선출법도 평균법과 마찬가지로 재공품의 진척도에 따라 재공품의 환산량을 구한다. 또한 기말재공품을 계산하는 데에 재료비·가공비를 구분해서 계산하고 양자를 합해서 기말재공품원가를 평가하는 계산요령도 같다.

기말재공품 중의 재료비를 구하는 경우에는 분자가 기말중간품 수량을 적용한다. 그러나 기말재공품 중의 가공비를 구할 때는 분자가 기말재공품 환산수량을 적용한다. 이 차이는 재료비는 제1공정에서 모두 투입한다는 전제가 있음으로써 기말재공품 중의 재료비에 대해서는 진척도 100%로 환산할 필요는 없고 가공비에 대해서 환산할 필요가 있기 때문이다.

평균법에서는 기초재공품의 진척도는 필요하지 않지만 선입선출법에서는 기초재공품의 진척도도 필요하다

제4절 공손품회계

1. 의의 및 중요성

(1) 공손의 의의

공손은 추가적인 작업을 수행하여도 정상품으로 될 수 없는 불합격품이다. 공손은 완성품으로 만들 수 없다는 점에서 추가적인 작업을 수행하면 완성품이 될 수 있는 불량품과는 구분된다.

공손은 정상공손과 비정상공손으로 구분된다. 정상공손은 제품의 생산에 필연적으로 발생할 것으로 예상되는 공손을 말하며, 이러한 공손

은 원가성이 있는 것으로 보아 당기제조원가계산에 포함시킨다. 반면 정상공손과는 달리 제품의 생산에 필연적으로 발생되는 부분이 아닌 이상적인 상황에서 발생한 공손은 원가성이 없는 것으로 보아 당기의 손실인 영업 외 비용으로 처리한다. 따라서 완성품환산량계산 시에도 정상공손과 비정상공손은 구분하여 계산하여야 한다.

(2) 종합원가계산에서의 공손품처리의 중요성

종합원가계산은 개별원가계산과는 달리 하나의 제품 혹은 작업마다 원가가 집계되는 것이 아니다. 하나의 작업 또는 제품마다 원가가 집계되는 개별원가계산에서는 공손의 발생 또는 공손품에 집계되는 원가의 계산이 용이하며 다른 제품원가의 계산에는 영향을 미치지 아니한다. 그러나 종합원가계산은 공손이 발견되기 까지는 그 공손품에 가공이라는 노력이 계속 투입되므로 공손품도 정상품과 같은 원가계산절차를 거쳐야만 공손품의 원가가 계산되고, 또한 공손품에 원가가 배부됨으로 인하여 다른 정상품의 원가에도 영향을 미치게 된다. 이러한 중요성으로 대부분의 교과서는 개별원가계산의 공손은 개별원가계산의 장의 일부로 처리하나, 종합원가계산의 공손은 독립된 장으로 나누어서 다루는 경우가 많다. 또한 공손품회계만 하면 통상적으로 종합원가계산하의 공손만을 의미한다.

2. 공손원가의 계산

공손원가의 계산은 정상공손원가와 비정상공손원가로 구분하여야 한다. 정상공손원가는 제품과 재공품의 원가로서 적절히 배분되며 비정상공손원가는 당기의 손실로 처리하여야 한다.

공손원가는 기말재공품을 계산하는 방법과 같은 방법으로 계산한다. 단, 공손품의 완성도는 항상 공손검사시점이며 그 외의 상황은 기말재공품의 계산과 동일하다.

3. 정상공손원가의 배분

정상공손은 제품과 재공품에 적절하게 배분되어야 하는데 배분하는 기준은 다음과 같다. 공손은 모든 공정을 통하여 발생하는 것이다. 하지만 공손의 인식은 특정시점(검사시점)에 이루어진다.

정상공손은 정상적인 생산에 필수적으로 발생되는 것을 의미한다고 하였으므로 정상공손은 공손검사에 합격한 합격품의 대가이다. 따라서 공손원가의 배분은 검사시점을 통과한 합격품에만 배분되어야 한다.

공손원가를 배분하는 구체적인 방법은 다음과 같다.

(1) 평균법
① 기말재공품의 완성도가 검사시점에 미치지 못했을 때

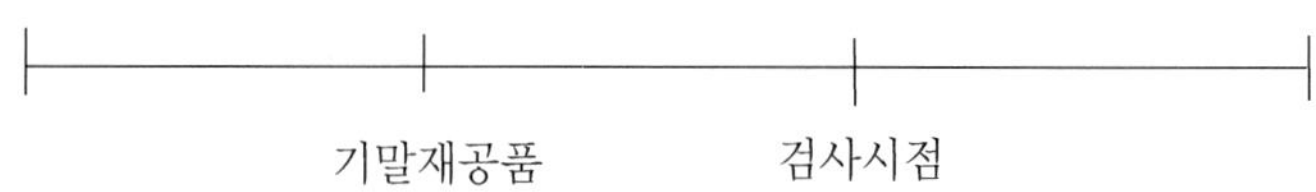

제품만이 합격품이므로 정상공손원가는 전액 합격품인 제품에 배분된다.

② 기말재공품의 완성도가 검사시점을 넘었을 때

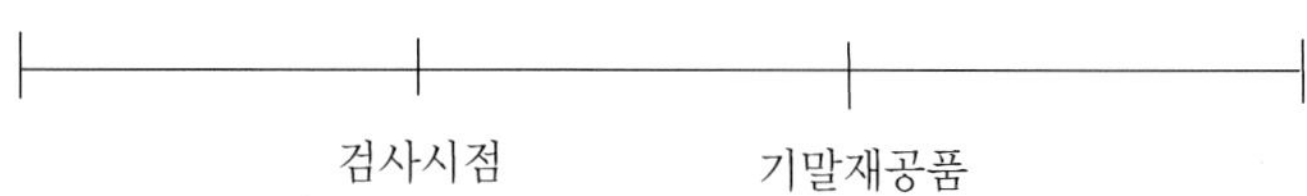

기말재공품과 제품 모두 합격품이므로 공손원가를 배분하여야 한다. 배분기준은 수량기준으로 한다.

$$완성품 \ = \ 정상공손원가 \ \times \ \frac{완성품수량}{(완성품수량 \ + \ 기말재공품수량)}$$

$$기말재공품 \ = \ 정상공손원가 \ \times \ \frac{기말재공품수량}{(완성품수량 \ + \ 기말재공품수량)}$$

③ 평균법에서의 기초재공품의 진척도

평균법은 모든 작업이 당기에 이루어진 것으로 가정하는 종합원가계산방법이므로 당기에 완성된 수량은 공정의 처음부터 마지막까지의 공정을 모두 수행한 것으로 본다. 따라서 공손원가의 배부에 기초재공품의 완성도는 고려할 필요가 없다. 즉, 기초재공품도 당기에 모든 작업이 이루어진 것으로 가정하는 것이다.

(2) 선입선출법

평균법에서는 기초재공품완성분과 당기착수 완성분을 구분하지 않고 처리 즉, 기초재공품도 당기에 작업한 것과 동일하게 취급하므로 정상공손원가의 배분에 기초재공품의 완성도를 고려하지 않았으나, 선입선출법에서는 당기에 완성된 제품을 기초재공품완성분과 당기착수완성분으로 분리하여 고려하므로 기초재공품의 완성도가 정상공손원가배분에 중요한 역할을 한다.

① 기말재공품의 완성도가 검사시점 미만일 때

원가전액을 제품에 배분한다. 엄격한 의미에서는 기초재공품의 완성도에 따라서 전액이 당기착수완성분에 배부되거나 혹은 당기착수완성분과 기초재공품완성분에 배분된다. 이것은 기초재공품의 완성도와 검사시점의 상관관계에 의하여 결정되어 지는데 과정이야 어쨌든 전액이 제품원가에 배부되는 것이다. 기초재공품의 완성도와 검사시점의 상관관계는 다음에서 보기로 한다.

② 기말재공품의 완성도가 검사시점을 초과할 때
기말재공품의 완성도가 검사시점을 초과한 경우에는 기초재공품의 완성도에 따라 정상공손원가의 배분이 달라진다.

가. 기초재공품이 검사시점 미만일 때
이 경우에는 기초재공품 완성분이 당기의 공손검사시점을 통과하므로 당기의 정상공손원가의 배분대상이 된다.

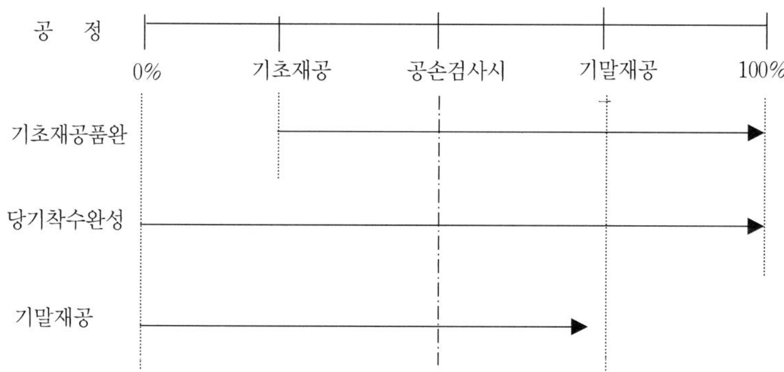

위의 도표를 보면 기초재공품완성분 및 당기착수완성분 그리고 기말재공품이 모두 공손검사시점을 통과한 것을 알 수 있다. 따라서 공손원가는 이 세 부분에 모두 배부되어야 하는 것이다.

$$완성품 = 정상공손원가 \times \frac{완성품수량}{(완성품수량 + 기말재공품수량)}$$

$$\text{기말재공품} = \text{정상공손원가} \times \frac{\text{기말재공품수량}}{(\text{완성품수량} + \text{기말재공품수량})}$$

☞ 완성품수량 = 기초재공품완성분 + 당기착수완성분

나. 기초재공품의 완성도가 검사시점을 초과했을 때

이 경우에는 기초재공품은 당기의 검사시점을 통과하지 않았으므로 완성품 중 기초재공품 완성분은 정상공손원가의 배분대상이 되지 않는다.

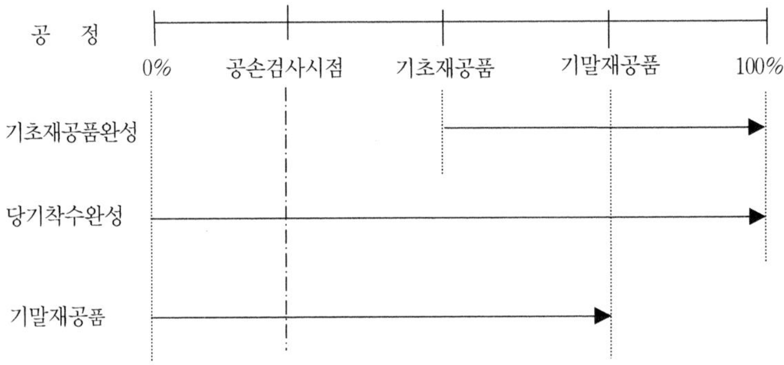

위의 도표에서 보면 기초재공품완성분은 당기의 공손검사시점을 통과하지 않았고, 기말재공품과 당기착수완성분만 통과하였다. 따라서 완성품 중 기초재공품완성분은 공손원가를 배분받지 못한다.

$$\text{완성품} = \text{정상공손원가} \times \frac{(\text{완성품수량} - \text{기초재공품수량})}{(\text{완성품수량} - \text{기초재공품수량} + \text{기말재공품수량})}$$

$$\text{기말재공품} = \text{정상공손원가} \times \frac{\text{기말재공품수량}}{(\text{완성품수량} - \text{기초재공품수량} + \text{기말재공품수량})}$$

제5절 작업별 원가계산

1. 의 의

작업별 원가계산은 작업을 기준으로 하여 원가를 집계한 후, 작업을 거쳐 간 단위 또는 제품그룹마다 '작업'의 원가를 배분하는 원가계산방식을 말한다.

여기서 '작업'은 제품의 특성이나 종류에 관계없이 반복적으로 행해지는 생산단계를 의미한다.

2. 작업별 원가계산의 흐름

(1) 물리적 흐름

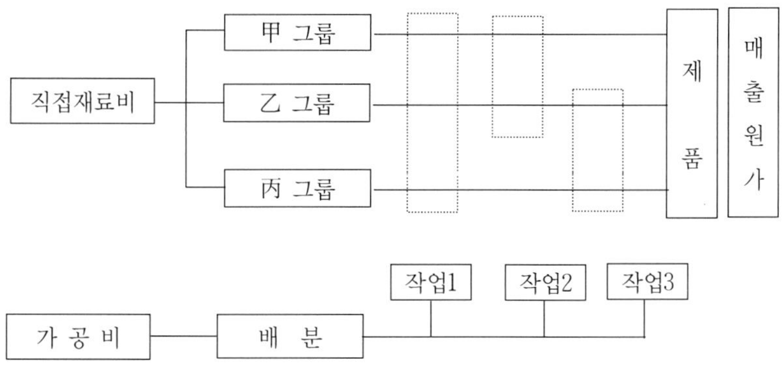

(2) 가공비의 처리

직접재료비는 개별 제품 혹은 제품 그룹별로 집계되나, 가공비는 전체로 혹은 작업별로 집계되므로, 작업별로 배분한 후 다시 개별제품 혹은 제품 그룹별로 배분하여야 한다.

배분방법으로는 각 '작업'의 생산활동 특성에 따라
① 단순한 물량기준(작업을 통과한 물량들에 동일한 노력이 투입될 경우)
② 직접노동시간기준 등(작업을 통과한 물량에 투입된 노력이 다를 때)을 사용한다.

제6절 조별종합원가계산

1. 의 의

조별종합원가계산은 동일한 경제적 가치를 갖는 제품의 종류별로 조를 설정하여 각 조별로 종합원가계산을 하는 방법이다. 조별종합원가계산은 하나의 공정을 통하여 수 종류의 제품이 생산되며 이 수 종류의 제품원가계산에 종합원가계산을 적용할 필요가 있을 때 사용한다.

작업별원가계산은 동일한 재료가 투입되어 각각의 작업을 거치는 것을 가정하지만, 조별종합원가계산은 하나의 공정을 약간씩 변형하여 수종의 제품을 대량생산하는 형태를 가정하면 된다. 어떤 경우는 이종의 생산라인에서 생산하는 경우도 조별종합원가계산에 포함시키기도 하지만, 이 경우는 이종의 생산라인에 대한 공통원가의 배분이 문제가 되는 것일 뿐이며, 조별종합원가계산의 전형이라고 보기는 어렵다.

2. 원가계산방법

조별종합원가계산은 조별직접비와 조별간접비로 구분하여 조별로 종합원가계산을 수행한다. 조별직접비는 각 조의 종합원가계산수행에 직접 투입되는 원가로 보면 되는 데 반해, 조별간접비의 처리가 문제가 된다. 조별간접비는 경우에 따라 각 조에 배분하는 방법과 각 조의 생산량을 일정한 기준으로 환산한 환산량에 따라 직접 배분하는 방법이 있을 수 있다. 즉, 이종의 생산공정을 통하여 제품이 생산되는 경우 조별간접비를 각각의 생산공정에 배분한 후 단일 생산공정에 대한 종합원가계산을 수행하면 된다. 단일의 생산공저에서 수종의 제품을 생산하는 경우 조별간접비의 배부는 각각의 제품을 일정한 환산량으로 환산한 후 에 환산량에 따라서 조별간접비를 배부한다.

[사례 1] 종합원가계산

다음은 (주)중앙의 종합원가계산에 관련된 자료이다. 아래의 물음에 답하라.

기초 재공품   10,000개 (60% 완성)
당 기 착 수   40,000개
기말 재공품   12,000개 (50% 완성)

원 가
: 기초재공품 - 전공정(₩60,000), 직접재료비(₩20,000), 가공비(₩16,600)
  당기투입원가 - 전공정(₩360,000), 직접재료비(₩120,000), 가공비
                (₩133,000)

직접재료원가는 공정 초에 투입한다.

[물음]

1. 선입선출법에 의한 완성품과 기말재공품의 원가를 계산하라.
2. 평균법에 의해 완성품과 기말재공품의 원가를 계산하라.

[해답]

1. 선입선출법

		완성품환산량		
		전공정	직접재료비	가공비
기 초	10,000(60%)			
투 입	40,000			
	50,000			
기초완성	10,000	0	0	4,000
착수완성	28,000	28,000	28,000	28,000
기 말	12,000(50%)	12,000	12,000	6,000
	50,000	40,000	40,000	38,000
원 가		₩360,000	₩120,000	₩133,000
단위당원가		@9	@3	@3.5

완 성 품: $96,600 + 4,000 \times 3.5 + 28,000 \times (9 + 3 + 3.5) = ₩544,600$

기말재공품: $12,000 \times 9 + 12,000 \times 3 + 6,000 \times 3.5 = ₩165,000$

2. 평균법

		완성품환산량		
		전공정	직접재료비	가공비
기 초	10,000(60%)			
투 입	40,000			
	50,000			
완 성	38,000	38,000	38,000	38,000
기 말	12,000(50%)	12,000	12,000	12,000
	50,000	50,000	50,000	44,000
원 가		₩420,000	₩140,000	₩149,600
단위당원가		@8.4	@2.8	@3.4

완 성 품: $38,000 \times (8.4 + 2.8 + 3.4) = ₩554,800$

기말재공품: $12,000 \times 8.4 + 12,000 \times 2.8 + 6,000 \times 3.4 = ₩154,800$

〈참고〉

　수 개의 공정을 연이어서 생산하는 제품의 경우에는 각 공정마다 원가계산을 수행하게 된다. 첫 번째 공정에서 완성된 제품은 두 번째 공정에 투입되는데 이것을 차공정대체 이때의 원가를 차공정대체원가라고 한다. 마찬가지로 대체받는 공정에서는 전공정대체 또는 전공정대체원가라고 한다.

　한편, 수 개의 공정이 있는 경우의 처리는 다음과 같다.

①　선행공정에서는 완성품을 차공정대체품으로 그 원가를 차공정대체원가로 처리하면 되므로 통상의 종합원가계산과 같다.

② 후행공정에서는 선행공정에서 넘겨받은 전공정 대체품이 후행공정의 당기착수수량이 된다.

③ 대체품의 원가는 후행공정에서 전공정원가가 되어 공정의 초에 투입되는 직접재료원가와 똑같이 처리하면 된다. 후랭공정에서는 선행공정의 원가에 후행공정의 직접재료원가와 가공원가를 가산하여 제품으로 대체한다.

[사례 2] 공손의 처리

다음의 사례는 [사례 1]에서 당기 중에 공손이 3,000개있고, 정상공손은 합격품의 5%인 경우이다. 공손검사시점이 공정의 50% 시점일 때 선입선출법과 평균법에서 제품, 재공품, 공손손실을 구하라. 단, 기말재공품은 검사시점을 끝냈다고 본다.

[해답]

1. 선입선출법

		완성품환산량		
		전공정	직접재료비	가공비
기 초	10,000(60%)			
투 입	40,000			
	50,000			
기초완성	10,000	0	0	4,000
착수완성	25,000	25,000	25,000	25,000
정상공손	1,850	1,850	1,850	925
이상공손	1,150	1,150	1,150	575
기 말	12,000(50%)	12,000	12,000	6,000
	50,000	40,000	40,000	36,500
원 가		₩360,000	₩120,000	₩133,000
단위당원가		@9	@3	@3.64

완 성 품: $96,600 + 4,000 \times 3.64 + 25,000 \times (9 + 3 + 3.64) = ₩502,160$

정상공손: $1,850 \times (9 + 3) + 925 \times 3.64 = ₩25,567$

이상공손: $1,150 \times (9 + 3) + 575 \times 3.64 = ₩15,893$

기말재공품: $12,000 \times (9 + 3) + 6,000 \times 3.64 = ₩165,840$

* 정상공손원가의 배분

제   품: $₩25,567 \times 25,000 / (35,000 - 10,000 + 12,000) = ₩17,275$

재공품: $₩25,567 \times 12,000 / (35,000 - 10,000 + 12,000) = ₩8,292$

그러므로 최종원가계산은

제   품: $₩502,160 + ₩17,275 = ₩519,435$

재공품: ₩165,840＋₩8,292＝₩174,132

2. 평균법

		완성품환산량		
		전공정	직접재료비	가공비
기　　초	10,000(60%)			
투　　입	40,000			
	50,000			
완　　성	35,000	35,000	35,000	35,000
정상공손	2,350	2,350	2,350	1,175
이상공손	650	650	650	325
기　　말	12,000(50%)	12,000	12,000	6,000
	50,000	50,000	50,000	42,500
원　　가		₩420,000	₩140,000	₩149,600
단위당원가		@8.4	@2.8	@3.52

완 성 품: $35,000×(8.4＋2.8＋3.52)＝₩515,200$

정상공손: $2,350×(8.4＋2.8)＋1,175×3.52＝₩30,456$

이상공손: $650×(8.4＋2.8)＋325×3.52＝₩8,424$

기말재공품: $12,000×(8.4＋2.8)＋6,000×3.52＝₩155,520$

*정상공손원가 배분

제　　품: $₩30,456×35,000/(35,000＋12,000)＝₩22,680$

재공품: $₩30,456×12,000/(35,000＋12,000)＝₩7,776$

그러므로 최종원가계산은

제　　품: $₩515,200＋₩22,680＝₩537,880$

재공품: ₩155,520 + ₩7,776 = ₩163,296

[사례 3] 작업별원가계산

(주)EIP는 규격화된 자동차부품을 제작하는 회사이다. 자동차부품은 상, 중, 하품으로 구분되며, 반제품으로 판매되기도 한다. 회사의 공정은 작업1, 작업2, 작업3, 작업4로 구성되며, 직접재료비는 상, 중, 하 각각 3:2:1의 비율로 투입되며, 작업2과 작업3의 경우에는 같은 공정 내에서 동일한 가공작업이 필요하고, 작업1과 작업4의 경우에는 상, 중, 하의 부품이 각각 3:2:1의 비율로 가공비가 소요된다. 당기 중 생산된 부품의 수는 상이 200개, 중이 300개, 하가 300개이며, 상 100개와 중 100개는 작업2를 거친 직후 판매되었다. 당기 중 발생원가는 다음과 같다.

	작업1	작업2	작업3	작업4
직접재료비	₩22,500	-	-	-
직접노무비	₩15,000	₩20,000	₩12,000	₩15,000
제조간접비	₩37,500	₩12,000	₩6,000	₩20,000
	₩75,000	₩32,000	₩18,000	₩35,000

위 자료를 보고 제품별 총원가 및 단위당 원가를 계산하라.

150

[해답]

	작업1	작업2	작업3	작업4
직접노무비	₩15,000	₩20,000	₩12,000	₩15,000
제조간접비	₩37,500	₩12,000	₩6,000	₩20,000
가공비 합계	₩52,500	₩32,000	₩18,000	₩35,000
완성품환산량	1,500*	800**	600***	1,000****
단위당원가	35	40	30	35

   * 1,500＝200× 3＋300×2＋300×1
  ** 800＝200＋300＋300
 *** 600＝100＋200＋300 (상 100, 중 100개 매각)
**** 1,000＝100×3＋200×2＋300

총원가	상(매각)	상(완성)	중(매각)	중(완성)	하	계
물 량	100	100	100	200	300	800
직접재료비	4,500	4,500	3,000	6,000	4,500	22,500
가공비						
작업1	10,500	10,500	7,000	14,000	10,500	52,500
작업2	4,000	4,000	4,000	8,000	12,000	32,000
작업3	-	3,000	-	6,000	9,000	18,000
작업4	-	10,500	-	14,000	10,500	35,000
계	19,000	32,500	14,000	48,000	46,500	160,000
단위당	190	325	140	240	155	

♣ 표준원가계산

학 습 목 표

이 장을 공부한 뒤, 여러분은 다음 사항을 숙지하여야 한다.

1. 고정예산과 변동예산의 차이를 서술

2. 표준원가의 개념과 표준원가계산 방법

3. 원가요소별 표준원가 차이분석

4. 원가차이에 따른 해석

5. 원가요소별 회계처리

제8장 표준원가계산

제1절 표준원가계산의 의의

1. 표준원가

표준원가란 표준을 사용하여 사전적으로 결정한 원가를 의미한다. 표준은 수량표준과 가격표준으로 구성된다.

따라서 "표준원가＝수량표준×가격표준"이다.

표준 중에 수량표준은 제품 1단위에 투입될 원재료의 량 또는 직접노동시간 등 물량으로 측정되는 것을 의미하며 가격표준은 원재료 1단위의 금액 또는 직접노동시간당 임금 등의 화폐로 표시되는 것을 의미한다. 따라서 표준원가(가격표준×수량표준)는 제품 1단위에 투입될 직접재료비 도는 직접노무비 등의 원가를 나타내는 것이다.

이 표준은 특정작업의 효율적 수행여부를 판단하여 원가의 통제, 성과평가 등을 위한 기준이 된다.

2. 표준원가계산제도

표준원가계산제도란 회계시스템 내에 이러한 표준원가를 도입하여 이를 기준으로 제품의 원가를 계산하는 방법을 의미한다. 표준원가계산제도는 전체적인 회계시스템 중에 원가의 측정시점에만 관련된 구분이다. 따라서 표준원가계산제도는 개별원가계산 또는 종합원가계산과 결합하여 구축할 수 있고, 또 직접원가계산 또는 전부원가계산과 결합하여 구성할 수도 있다. 표준원가계산제도는 특정한 산출물의 원가를 미리 결정하여 원가계산을 하는 방법이므로 각각의 산출물에 대하여 다른 작업을 수행하는 개별원가계산보다는, 모든 산출물에 대하여 동일한 작업을 수행하는 종합원가계산에 더욱 적합한 방법이다.

표준원가계산제도는 역사적 원가가 아닌 사전에 결정된 미래원가에 의하여 제품원가계산을 하게 되므로 재무보고 시에는 제조간접원가를 예정배부할 때 제조간접원가의 배부차이를 조정하는 것처럼 표준원가를 역사적 원가주의에 따라 실제원가로 수정하여야 한다.

제2절 예 산

1. 예산의 의의

예산이란 특정 활동을 수행하는 데 소비될 것으로 예정되는 자원을 화폐금액으로 표시한 것을 말한다.

표준은 개별단위로 설정되는 것을 의미하는 데 반해, 예산은 전체를 합계한 총계개념이다. 즉, "예산＝표준원가*수량"이다.

표준원가계산은 반복적인 작업에 대하여 사전적으로 결정된 원가를 적용하는 원가계산방법이므로 각각의 제품에 대한 원가계산보다는 생산된 총량에 대한 원가계산을 하는 것이 논리적이고 간편한 방법이 될 것이다.

여기에 하나하나의 제품에 대한 표준원가보다는 전체적인 총산출물에 대한 표준원가로서의 예산의 중요성이 있는 것이다.

예산은 실제산출량과 예산수량과의 관계에 의하여 고정예산과 변동예산으로 구분된다.

2. 고정예산

고정예산은 하나의 조업도 수준에서의 예산을 의미한다. 고정예산에서는 실제 발생한 결과를 예산조업도 수준에서의 예산과 비교한다. 따라서 실제 조업도와 예산 조업도의 차이가 크면 실제와 예산의 비교가 무의미하게 된다.

3. 변동예산

변동예산은 고정예산과는 달리 일정범위 또는 관련범위의 조업도 수준에 대한 예산으로, 실제 발생한 결과를 "실제조업도 수준하에서의 예산"과 비교한다.

따라서 변동예산은 실제발생한 결과의 조업도 수준으로 예산조업도를 변경하여 상호 비교하는 동태적 예산이다. 변동예산은 고정예산과는 달리 하나의 조업도 수준의 예산이 아니므로 고정된 숫자로 표시되기보다는 함수의 형태로 표시된다. 함수의 형태로 표시된 변동예산은 실제의 결과가 관련범위 내에 있는 한 예산 금액 자체를 실제결과의 조업도 수준으로 변경시킬 수 있다.

실제조업도 수준하에서의 예산원가
$TC = a + bx$ (x = 실제조업도, a, b는 원가추정의 결과치)

이제, 변동예산의 작성절차를 살펴보자.

변동예산은 먼저 원가행태를 추정하고, 실제조업도를 대입하여 변동예산을 작성한다. 여기서 주의할 점은 예산은 관련범위 내에서만 의미가 있는 원가행태의 추정치를 이용하여 작성하기 때문에 관련범위 내에서만 의미가 있다. 따라서 관련범위를 벗어나는 경우 고정원가가 음

수가 나오더라도 그 부분은 관련범위가 아니므로 실제로 그러한 원가가 발생하는 것이 아니다.

제3절 원가차이 분석

1. 원가차이 분석의 의의 및 목적

차이분석은 실제 발생한 원가를 변동예산인 표준과 비교하여 그 차이를 분석하는 기법을 말한다.

표준원가는 생산이라는 활동이 있기 전에 사전적으로 결정된 원가이므로 표준원가와 실제원가와는 차이가 발생하기 마련이다. 이러한 차이를 그 원인에 따라 수 개의 차이로 나누어 실제원가와 표준원가와의 차이의 원인을 알아내는 것을 차이분석이라고 하며 차이분석은 아래의 목적을 위하여 사용된다.

한편, 차이분석의 목적을 살펴보면 다음과 같다.

표준원가계산에서는 원가흐름이 종합원가계산과 거의 대부분 같다. 따라서 어떤 의미에서 보면 차이분석이 표준원가계산의 전부라고도 할 수 있다.

차이분석의 목적으로, 첫 번째는 성과평과 및 원가통제이다.

표준원가는 제품 제조 시에 소요되어야 하는 가장 이상적인 원가를 표현한 것이다. 즉, 표준원가는 정상적으로 생산되었다면 발생할 원가를 사전적으로 표시하여 놓은 것이다. 따라서 표준보다 많이 혹은 적게 원가가 발생하였다는 것은 생산공정에 비정상적인 무엇인가가 개입되었다는 것을 의미한다. 이러한 사항들을 적시하여 원가의 발생액을 통제하고 또한 그 부문의 경영자의 성과평가를 위하여 표준원가는 유용하게 사용된다.

두 번째 목적은 제품원가계산이다.

표준원가계산제도에서는 표준원가를 이용하여 제품의 원가계산을 한다고 하였다. 그러나 표준원가는 실제로 발생한 원가가 아니다. 우연히 두 원가가 일치한다면 문제가 없지만 두 원가가 일치하지 않는 대부분의 경우는 어떻게 처리하여야 하는가? 현재 재무보고목적의 제품원가계산에서는 역사적 원가주의가 충실히 지켜지고 있으므로 역사적 원가주의에 따라 처음부터 다시 원가계산을 하여야 하는가? 이것을 해결해 주는 것 역시 차이분석이다. 즉, 차이분석에서 얻어진 결과를 각 계정에 안분하면 역사적 원가주의에 의한 원가계산과 유사한 결과를 도출할 수 있는 것이다.

2. 차이분석의 일반적 모형

(1) 차이일반

차이는 실제투입원가와 표준원가와의 차이를 나타내는 포괄적인 용어이다. 차이라는 용어는 어떤 원가요소에서 발생하였는가에 따라 직접재료원가차이, 직접노무원가차이, 제조간접비차이로 구별되며, 차이의 발생원인이 수량인지 가격인지에 따라 수량차이와 가격차이로 분류된다. 이렇게 분류된 차이에 대한 총괄적인 개념으로 총차이가 있다.

총차이는 특정기간 동안에 발생한 실제투입원가와 실제생산량에 허용된 표준원가와의 차이를 의미한다. 총차이는 가격차이와 수량차이로 구분한다. 총차이를 가격차이와 수량차이로 구분하는 이유는 다음과 같다.

□ 가격차이는 구입시점에 수량차이는 사용시점에 허용
□ 가격차이와 수량차이에 대해서 책임 있는 부서가 다르다.

(2) 가격차이

가격차이란 총차이 중에서 가격으로 인하여 표준원가와 실제원가와 차이가 나는 부분을 말한다. 가격차이는 실제가격(AP)에 실제투입량(AQ)을 곱한 금액과 표준가격(SP)에 실제투입량(AQ)을 곱한 금액의 차이이다. 즉, 투입량이 동일하므로 두 수의 차이는 가격에 의한 차이만을 표시하게 된다.

$$가격차이 = (AP \times AQ) - (SP \times AQ) = (AP - SP) \times AQ$$

(3) 수량차이

수량차이는 총차이 중에서 가격으로 인한 차이를 제외한 또는 수량에 의한 차이 부분을 의미한다. 수량에 의한 차이부분을 구하기 위해서는 가격을 일정하게 고정시켜야 한다. 따라서 수량차이는 표준가격(SP)에 실제투입량(AQ)을 곱한 금액과 표준가격(SP)에 표준투입량(SQ)을 곱한 금액의 차이이다.

$$수량차이 = (SP \times AQ) - (SP \times SQ) = SP \times (AQ - SQ)$$

(4) 차이분석의 일반모형

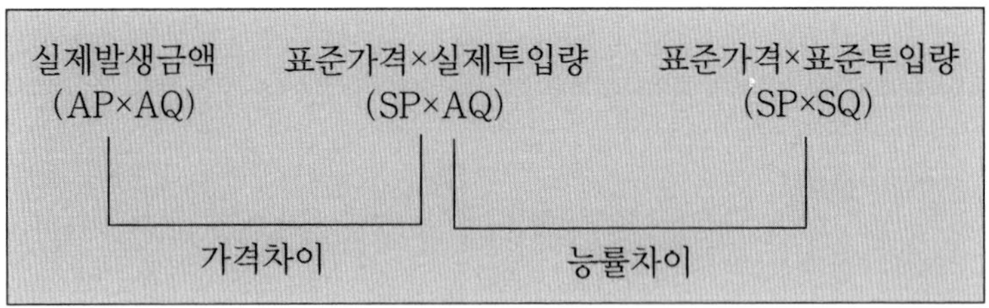

(5) 원가요소별 명칭

차이분석의 일반모형에서는 가격차이와 능률차이로 표현하였지만 각 원가요소마다 구체적인 명칭이 있다.

원가요소	가격차이	능률차이
직접재료원가	가격차이	수량차이
직접노무원가	임률차이	능률차이
변동제조간접원가	소비차이	능률차이

(6) 유리한 차이와 불리한 차이

유리한 차이(Favorable) 혹은 불리한 차이(Unfavorable)란 차이가 영업이익에 어떠한 영향을 끼치는가에 따른 분류이다. 어떤 차이는 영업이익을 증가시키는 방향으로 발생할 수도 있고, 때에 따라서는 그 반대인 경우도 있을 수 있다. 차이가 영업이익을 증가시키는 방향으로 일어났으면 유리한 차이, 영업이익을 감소시키는 방향으로 일어났으며 불리한 차이가 된다. 즉, 표준보다 실제사용액이 작을 경우 원가가 감소되므로 유리한 차이가 나타난다.

3. 직접재료원가차이

직접재료원가차이란 실제직접재료원가와 변동예산에서 허용된 표준 직접재료원가와의 차이를 의미한다. 직접재료원가 총차이는 직접재료 원가가격차이와 직접재료원가능률차이로 나뉜다.

$$직적재료원가\ 총차이 = 실제원가 - 변동예산(표준원가)$$
$$= (AP \times AQ) - (SP \times SQ)$$
$$직접재료원가\ 가격차이 = 실제원가 - 실제투입된\ 수량의\ 표준원가$$
$$= (AP \times AQ) - (SP \times AQ)$$
$$직접재료원가\ 능률차이 = 실제투입된\ 수량의\ 표준원가 - 변동예산$$
$$= (SP \times AQ) - (SP \times SQ)$$

가격차이는 직접재료의 수량이 일정한 상태에서 가격의 변화가 원가에 미치는 영향을 나타내고, 능률차이는 가격을 표준가격으로 고정시킨 상태에서 실제투입량과 표준투입량과의 차이가 원가에 미치는 영향을 나타낸다.

(1) 가격 - 능률 혼합차이

위에서 본 직접재료원가 가격차이는 실제투입수량에 실제가격과 표준가격의 차이를 곱한 금액이다. 즉, 가격차이의 계산에 표준수량이 아닌 실제투입수량을 사용하여 실제투입수량과 표준수량의 차이만큼 가격차이에 영향을 미치게 되었다. 이러한 영향을 제거한 것, 즉, 가격차이 중에서 투입수량에 능률 혹은 비능률에 의하여 영향을 받는 부분을 제거한 것을 순수가격차이라 한다. 따라서 직접재료원가의 순수한 가격차이는 수량이 표준수량으로 고정된 상태에서 실제가격과 표준가격의 차이가 된다.

여기서 직접재료원가의 가격에 의한 차이와 능률에 의한 차이의 공통부분이 나오게 되는데 이러한 차이개념을 "직접재료원가가격 - 능률 혼합차이"라고 한다. 혼합차이를 고려할 때의 원가차이는 다음과 같다.

$$직접재료원가\ 순수가격차이 = (AP - SP) \times SQ$$
$$직접재료원가\ 순수능률차이 = (AQ - SQ) \times SP$$

직접재료원가 가격능률혼합차이＝(AP－SP)×(AQ－SQ)

가격능률혼합차이는 유리한 차이인가 불리한 차이인가의 결정에 상당한 주의를 요한다. 위의 산식에서 구한 값이 양수이면 불리한 차이이고 음수이면 유리한 차이가 된다.

통상적으로 가격능률혼합차이는 따로 분리하여서 계산하지 않고 가격차이에 포함해서 고려한다. 가격차이에 포함하는 이유는 능률차이를 보다 순수하게 유지하여 원가통제에 사용하기 위한 것이다. 경영자의 입장에서 볼 때, 가격보다는 수량이 훨씬 통제의 대상이 되기 쉬운 탓이다.

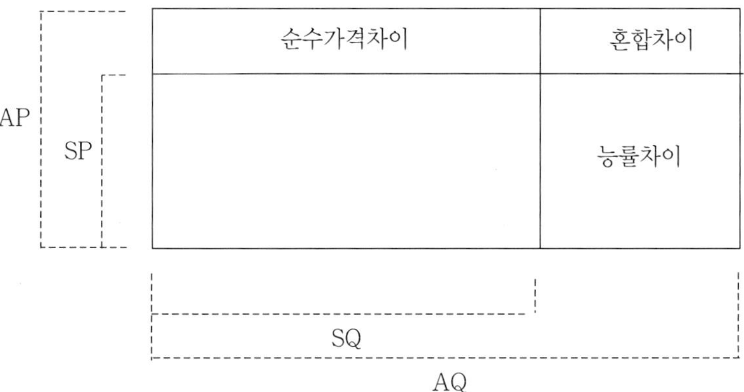

(2) 가격차이의 구매시점인식

가격차이는 사용시점까지 기다리지 않고 구매시점에 바로 분리하는 것이 구매부문 경영자의 주의를 환기시킬 수 있고 직접재료가격 결정을 신속하게 할 수 있다.

가격차이는 구매시점에서 구매수량을 기준으로 표준가격과 실제구입가격을 대비해서 구하게 되고, 능률차이는 전과 마찬가지로 사용량을 기준으로 하여 구하게 된다.

즉, 가격차이 $= (AP \times AQp) - (SP \times AQp)$
능률차이 $= (SP \times AQu) - (SP \times SQ)$

단, $AQp =$ 재료의 실제 구입수량
$AQu =$ 재료의 실제 사용수량

구매시점에 가격차이를 분리하는 경우에는 "직접재료원가의 가격 - 능률혼합차이"를 분리하지 않는다. 재료의 구입시점에서는 사용수량을 알 수 없기 때문에 분리가 불가능 하다.

(3) 가격차이와 능률차이의 상호 관계

가격차이와 능률차이를 구하여 성과평가를 할 때는 차이 간의 상호 관계에 주의를 기울여야 한다. 예를 들어, 저가품의 재료를 사용하여 발생한 유리한 가격차이는 불리한 능률차이를 초래할 수도 있다.

[사례]

(주)경희는 표준원가계산을 채택하고 있는데 직접재료비에 대한 자료는 다음과 같다.

실제생산량	20,000단위
제품 한 단위에 대한 표준투입량	2kg
실제직접재료구입액	₩232,000(38,000kg)
기말재료재고	4,000kg
직접재료비 수량차이	₩30,000 유리

재료가격차이는 구입시점에서 분리하며 기초재료재고가 없을 경우
재료구입가격차이는?

(풀이)
① 구입시점

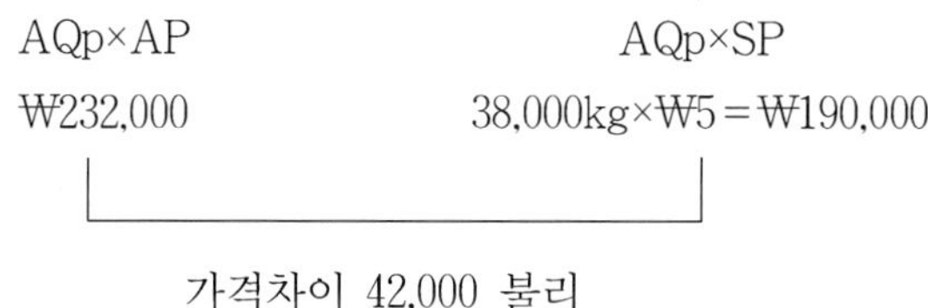

② 사용시점

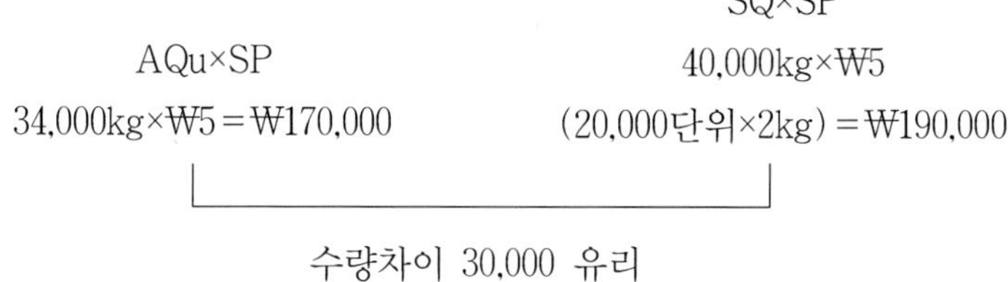

4. 직접노무원가차이

직접노무원가차이란 실제직접노무원가와 변동예산에서 허용된 표준
직접노무원가와의 차이를 의미한다. 직접노무원가 총차이는 직접노무
원가 임률차이와 직접노무원가 능률차이로 나뉜다.

직접노무원가 총차이
＝실제원가－변동예산(실제 산출량에 허용된 표준투입량의 표준원가)
＝(AR×AH)－(SR×SH)

직접노무원가 임률차이
= 실제원가 - 실제투입시간의 표준원가
= (AP×AQ) - (SP×AQ) = (AR - SR)×AH

직접노무원가 능률차이
= 실제투입시간의 표준원가 - 변동예산
= (SR×AH) - (SR×SH) = SR×(AH - SH)

직접노무원가 가격차이는 직접노동시간이 실제시간으로 고정된 상태에서 임률변화가 원가에 미치는 영향을 나타내며, 직접노무원가 능률차이는 임률이 표준임률로 고정된 상태에서 실제시간과 허용된 원가에 미치는 영향을 나타낸다.

5. 변동제조 간접원가차이

변동제조간접원가의 총차이는 변동제조간접원가 예산차이라고도 한다. 변동제조간접원가 총차이는 실제변동제조간접원가와 변동예산에서 허용된 표준변동제조간접원가의 차이로 계산하며 변동제조간접원가 소비차이와 변동제조간접원가 능률차이로 나눌 수 있다.

총차이 = 실제원가 - 변동예산(표준배부율×표준조업도)
= (AP×AQ) - (SP×SQ)

단, AP: 조업도 단위당 실제배부율
AQ: 실제조업도
SP: 조업도 단위당 표준배부율
SQ: 실제산출량에 허용된 표준조업도

$$\text{소비차이} = \text{실제원가} - (\text{표준배부율} \times \text{실제조업도})$$
$$= (AP \times AQ) - (SP \times AQ)$$

$$\text{능률차이} = (\text{표준배부율} \times \text{실제조업도}) - \text{변동예산}(\text{표준배부율} \times \text{표준조업도})$$
$$= (SP \times AQ) - (SP \times SQ)$$

변동제조간접원가의 능률차이는 그 분석에 주의를 기울여야 한다. 변동제조간접원가 능률차이는 실제조업도와 표준조업도의 조업도차이에 표준배부률을 곱한 것이므로 변동제조간접원가의 배부기준이 되는 조업도의 능률(또는 비능률)적인 사용으로 인하여 발생한다. 변동제조간접원가 자체의 사용에 의한 차이는 소비차이에 포함된다.

6. 고정제조간접원가차이

고정제조간접원가차이는 실제발생한 원가와 각 제품에 배부된 원가와의 차이를 의미한다. 고정제조간접원가는 원가의 성격이 조업도에 관계없이 일정액이 발생하므로 그 분석에 있어서 특히 주의를 요한다.

이러한 고정제조간접원가차이는 예산차이와 조업도차이로 구분된다.

먼저 고정제조간접원가 예산차이는 실제발생액과 고정제조간접원가 예산과의 차이를 말한다. 고정제조간접원가차이는 가격차이와 능률차이를 분류하지 않고 예산과 실제발생액과의 차이 전액을 예산차이로 처리한다.

한편 조업도차이는 고정제조간접원가가 일정액이 발생하는 고정성을 가지면서도 각 제품에 배분할 때는 변동원가처럼 일정한 배분율에 따라서 배분되어야 하는 특성에서 발생한다. 즉, 고정원가예산을 기준조업도(배부기준)로 나누어 배부율을 구하므로 당기의 조업도가 기준조업도보다 높거나 낮을 경우 배부액과 예산과의 차이가 생기게 되는데 이러한 차이를 조업도차이라 한다.

조업도차이와 소비차이를 개관하면 다음과 같다.

고정제조간접원가차이를 예산차이와 조업도차이로 구분하는 이유는 원가의 통제목적을 위해서는 고정제조간접원가를 총액으로 파악하여 예산과 실제발생액을 비교하는 것이 좋고, 제품원가 계산목적으로는 제품 단위당금액으로 파악, 변동원가처럼 취급하여 각 제품에 배부하는 것이 필요하며, 이 과정에서 조업도차이가 발생하기 때문이다.

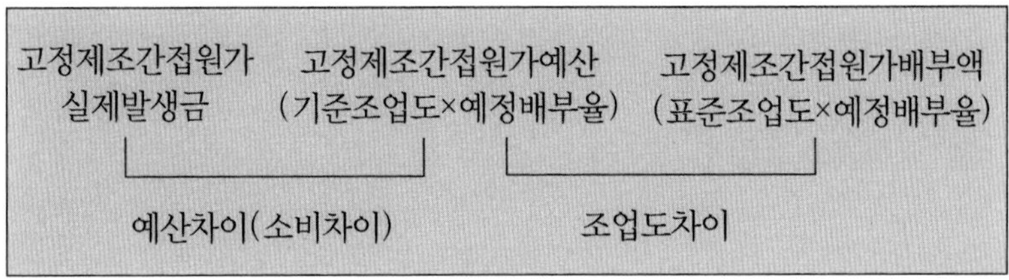

[사례]

변동제조간접원가 및 고정제조간접비에 대한 차이분석

(주)ABC의 제조간접원가에 대한 자료는 다음과 같다.

변동제조간접비   ₩105,000(1,500시간 기준)
변동예산   2,500 불리
소비차이
고정제조간접비
기준조업도   1,600시간
소비차이   4,000 유리

실제직접노동시간   1,450시간
실제제조간접비   ₩260,000

(물음) 위 자료를 이용하여 변동제조간접비 능률차이와 고정제조간
       접비 조업도차이를 계산하라.

(풀이)

① 변동제조간접비

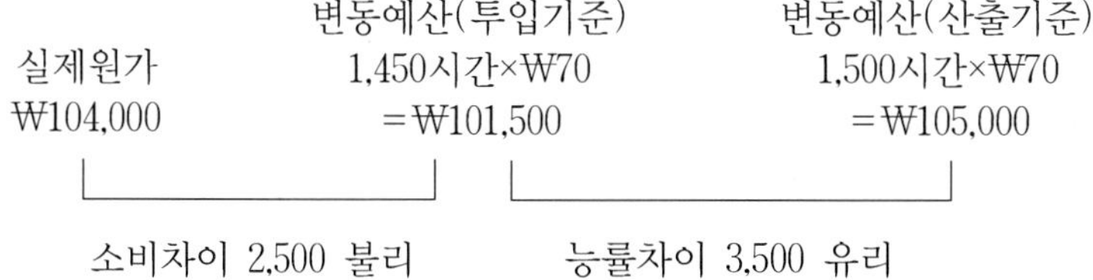

② 고정제조간접비

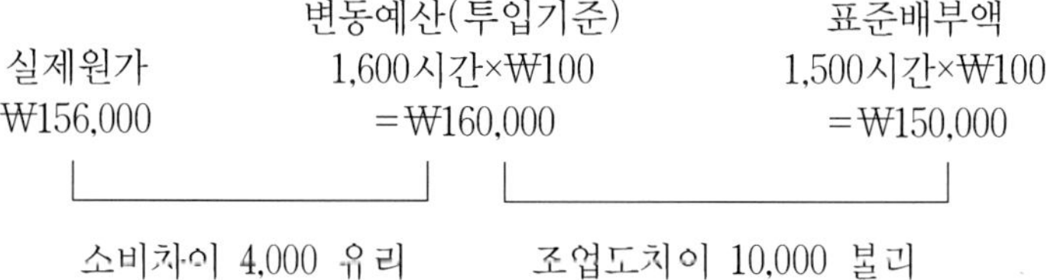

제4절 원가 요소별 기장방법

1. 직접재료원가

(1) 직접재료의 구입

표준원가계산제도하에서 직접재료의 구입시점에서 직접재료계정에
기록하는 방법에는 다음과 같은 두 가지 방법이 있다.

① 직접재료구입시점에서 원가차이를 장부에 기록하는 방법

이 방법에서는 직접재료의 구입시점에서 단위당 표준가격에 실제구
입수량을 곱한 금액을 직접재료계정의 차변에 기록한다. 이 경우 실제
가격과 표준가격의 차이 때문에 직접재료원가 가격차이가 발생하는데,
일반적으로 이 차이는 구입시점에서 계산한다. 왜냐 하면, 재료에 대한
표준가격과 실제가격과의 차이가 재료 소비시점이 아닌 구입시점에서
발생하기 때문이다. 그러므로 표준가격보다 더 많은 금액을 지불하고
직접재료를 구입한 경우 다음과 같이 분개한다.

재료 구입시점:
(차) 직접재료(표준가격×실제구입량)   xxx
　　 직접재료원가 가격차이   xxx
(대) 현금(또는 매입채무)   xxx

재료 사용시점:
(차) 재공품(표준가격×표준수량)   xxx
　　 직접재료원가 능률차이   xxx

（대）직접재료(표준가격×실제사용량)　　　　　xxx

② 재료투입시점에서 원가차이를 장부에 기록하는 방법

이 방법하에서는 재료구입시점에서는 직접재료 계정의 차변에 실제구입가격으로 기록하고, 재료가 생산에 투입되는 시점에서 재공품계정의 차변에 표준원가로 기록한다. 이 방법을 주장하는 근거는 실제로 지불한 가격이 재료의 진정한 원가를 표시하는 것이므로 재료재고액은 실제구입가격으로 표시하여야 하며, 재료가 제조과정에 투입되기 전까지는 직접재료원가 가격차이를 인식하지 말아야 한다는 것이다. 그러므로 표준가격보다 더 많은 금액을 지불하고 직접재료를 구입한 경우, 다음과 같이 분개한다.

재료 구입시점:
（차）직접재료(실제가격×실제구입량)　　　　　xxx
（대）현금(또는 매입채무)　　　　　xxx

재료 사용시점:
（차）재공품(표준가격×실제사용량)　　　　　xxx
　　　 직접재료원가 가격차이　　　　　xxx
（대）직접재료(실제가격×실제사용량)　　　　　xxx

외부보고용 재무제표를 작성할 경우 모든 종류의 기말재고자산을 실제원가에 의거하여 평가하여야 하므로 표준원가로 기록된 직접재료원가를 실제원가로 수정하여야 한다. 그러므로 기말의 수정분개를 통해 직접재료원가 가격차이의 일부만큼 직접재료계정 잔액을 증감시킨다. 직접재료원가 가격차이가 불리한 차이였다면 원래의 표준원가에 직접재료원가 수정금액을 더해서 재료의 기말재고액을 계산해야 하고, 반대로 유리한 차이였을 경우에는 원래의 표준원가에서 직접재료원가 수정금액을 차감하여 기말재고액을 계산해야 한다. 만일 처음에 기록된 직접재료원가 가격차이가 불리한 차이였다면 수정분개는 다음과 같다.

(차) 직접재료원가　　　　　　　　　　　　　xxx
(대) 직접재료원가 가격차이　　　　　　　　　xxx

(2) 직접재료의 사용

직접재료를 생산공정에 투입한 시점에서는 허용표준투입량에 단위당 표준원가를 곱한 금액을 재공품계정의 차변에 기록한다. 이때 실제투입량이 허용표준투입량을 초과한 경우에는 초과액을 직접재료원가 능률차이(수량차이) 계정의 차변에 기록한다. 즉, 다음과 같이 분개한다.

(차) 재공품(표준원가×허용표준투입량)　　　xxx
　　　직접재료원가 능률차이(불리)　　　　　xxx
(대) 직접재료원가(실제투입량×표준원가)　　xxx

감손이나 공손이 표준허용량보다 적게 발생해서 사용되지 않은 재료가 창고로 ksvna되는 경우 반품된 재료를 직접재료원가의 절약으로 해석하여 직접재료원가 능률차이계정의 대변에 기록한다. 즉, 다음과 같이 분개한다.

(차) 재공품(표준원가×허용표준투입량)　　　xxx
　　　직접재료원가 능률차이(유리)　　　　　xxx
(대) 직접재료원가(실제투입량×표준원가)　　xxx

　표준원가제도하에서는 직접재료 구입 시에 실제원가를 사용하여 직접재료의 평가액을 결정하든 표준원가를 사용하여 직접재료의 평가액을 결정하든 관계없이 재공품계정에는 표준수량과 표준가격으로 모든 원가를 기록할 수 있는데, 직접재료원가 능률차이는 사용된 실제수량과 생산에 허용된 표준수량의 차이에 단위당 표준가격을 곱한 금액으로 기록된다. 이처럼 재료가 생산에 투입될 때 이미 직접재료원가 능률차이가 기재되므로 기말이 되기 전이라도 능률차이의 발생이유를 살펴보고 적절한 대책을 수립할 수 있다.

2. 직접노무원가

　표준원가계산제도하에서는 직접노무원가의 경우, 표준노동시간에 표준임률을 곱한 금액을 재공품계정의 차변에 기록하고 실제발생금액은 미지급 임금 계정의 대변에 기록한다. 표준임률과 실제임률과의 차이에 실제노동시간을 곱한 금액이 가격(임률)차이이며, 표준노동시간과 실제노동시간의 차이에 표준임률을 곱한 금액은 직접노무원가 능률차이이다. 직접노무원가 가격(임률)차이가 유리한 차이이고, 직접노무원가 능률차이가 불리한 차이인 경우를 분개로 나타내면 다음과 같다.

(차) 재공품(표준임률×표준노동시간)	×××
직접노무원가 능률차이(불리)	×××
(대) 직접노무원가 가격차이(유리)	×××
미지급임금	×××

3. 변동제조간접원가

　표준변동제조간접원가는 제품 한 단위당 허용되는 표준조업도를 기

준으로 재공품계정에 배부한다. 변동제조간접원가는 실제원가계산에서
도 실제발생액을 알기 전에 재공품계정에 예정배부하는 것이 일반적이
다. 변동제조간접원가에 대한 회계처리과정은 다음과 같다.

첫째, 당기생산량에 배부할 표준변동제조간접원가를 재공품계정의
차변과 변동제조간접원가계정의 대변에 다음과 같이 기록한다. 이 분
개는 당기생산량을 파악한 시점에서 한다.

(차) 재공품   xxx
(대) 변동제조간접원가(표준배부액)   xxx

둘째, 변동제조간접원가계정의 차변에는 당기에 실제로 발생한 변동
제조간접원가를 다음과 같이 기록한다. 이 분개는 변동제조간접원가
실제발생액을 알 수 있는 시점에서 한다.

(차) 변동제조간법원가(실제발생액)   xxx
(대) 미지급임금(간접노무원가)   xxx
     미지급비용   xxx
     소모품   xxx

셋째, 변동제조간접원가계정 대변에 기록된 표준변동제조간접원가와
차변에 기록된 실제발생한 변동제조간접원가의 차이를 변동제조간접원
가 소비차이와 능률차이로 분리한다. 변동제조간접원가차이는 실제로
발생한 변동제조간접원가를 파악할 수 있는 시점에서 기록한다. 변동
제조간접원가 소비차이가 유리하고 변동제조간접원가 능률차이가 불리
한 경우의 분개는 다음과 같다.

（차）변동제조간접원가(표준배부액)　　　　xxx
　　　변동제조간접원가 능률차이　　　　xxx
（대）변동제조간접원가(실제발생액)　　　　xxx
　　　변동제조간접원가 소비차이　　　　xxx

4. 고정제조간접원가

표준고정제조간접원가는 당기생산량에 허용되는 표준조업도를 기준
으로 하여 재공품계정에 배부한다. 이때 고정제조간접원가배부액을 재
공품계정의 차변과 고정제조간접원가계정의 대변에 기록하고, 고정제
조간접원가 실제발생액은 고정제조간접원가계정의 차변에 기록한다.
이에 따라 고정제조간접원가의 배부액과 실제발생액 간에 차이가 발생
하는데, 이 차이를 고정제조간접원가 예산차이와 조업도차이로 분해한
다. 이들 차이에 대하여 변동제조간접원가차이에서와 마찬가지로 기말
에 회계처리한다. 왜냐 하면, 표준조업도와 당해 기업 간의 고정제조간
접원가 실제발생액을 알아야만 고정제조간접원가 예산차이와 조업도차
이를 계산할 수 있기 때문이다.
　표준원가계산제도하에서의 고정제조간접원가에 대한 회계처리는 다
음과 같다.

　첫째, 예정배부하는 고정제조간접원가를 재공품계정의 차변과 고정
제조간접원가계정의 대변에 다음과 같이 기록한다.

（차）재공품　　　　　　　　　　xxx
（대）고정제조간접원가(표준배부액)　　　　xxx

　둘째, 고정제조간접원가계정의 차변에 당기에 실제로 발생한 고정제

조간접원가를 다음과 같이 기록한다.

　(차) 고정제조간법원가(실제발생액)　　　　xxx

　(대) 감가상각비　　　　　　　　　　　　xxx

　　　미지급임금(간접노무원가)　　　　　xxx

　　　미지급비용　　　　　　　　　　　　xxx

셋째, 고정제조간접원가계정 대변에 기록된 표준고정제조간접원가와 차변에 기록된 고정제조간접원가 실제발생액의 차이를 예산차이와 조업도차이로 분리한다. 고정제조간접원가 예산차이가 유리하고 고정제조간접원가 조업도차이가 불리한 경우 다음과 같이 분개한다.

　(차) 고정제조간접원가(표준배부액)　　　xxx

　　　고정제조간접원가 조업도차이　　　　xxx

　(대) 고정제조간접원가(실제발생액)　　　xxx

　　　고정제조간접원가 예산차이　　　　　xxx

· 저자 ·

최영문   · 약 력 ·
(崔英文)   경희대학교 경영대학 회계학과 졸업
         경희대학교 대학원 경영학 석사
         경희대학교 대학원 경영학 박사

         경희대, 서울시립대, 한국외국어대 강사
         경복대학 외래교수

         · 주요논저 ·
         「한국기업의 IMF 구제금융체제 전후의 기업도산 예측변수에 관한 비교연구」
         「거래소 및 코스닥 등록기업의 회계이익 시계열 행태에 관한 연구」
         「주식교부형 주식매입선택권 보상원가에 관한 연구」
         「주식매입선택권에 관한 사례연구 및 분석」
         「의제배당 과세여부에 따른 무상주배분의 효과에 관한 연구」
         「IT산업의 전략적 제휴의 경제적 성과에 관한 연구」
         「기업의 투자결정과 미래초과이익」
         「다각적 기업운영의 주식가치관련성 연구」
         「현행기업분할 과세제도에 고찰 및 개선방안」
          외 다수

알기쉬운 원가계산

· 초판 인쇄	2006년 1월 30일
· 초판 발행	2006년 1월 30일
· 지 은 이	최영문
· 펴 낸 이	채종준
· 펴 낸 곳	한국학술정보㈜
	경기도 파주시 교하읍 문발리 526-2
	파주출판문화정보산업단지
	전화 031) 908-3181(대표) · 팩스 031) 908-3189
	홈페이지 http://www.kstudy.com
	e-mail(e-Book사업부) ebook@kstudy.com
· 등 록	제일산-115호(2000. 6. 19)
· 가 격	21,000원

ISBN   89-534-3335-5 93320 (Paper Book)
        89-534-3336-3 98320 (e-Book)